Remerciements de l'auteur

L'auteur remercie Sophie Picot-Bocquillon pour sa relecture attentive qui lui a évité bien des erreurs et pour les nombreuses vérifications qu'elle a bien voulu effectuer, Hubert Naudeix et Mathilde Béjanin, pour avoir accepté que ce livre ne soit pas tout à fait ce qu'ils avaient imaginé au départ, et enfin Anne Chapoutot, pour avoir amendé le texte avec bienveillance et vigilance. L'auteur souhaite par ailleurs rendre hommage à tous ceux qui ont œuvré et collaboré au grand livre sur l'histoire du Louvre paru en 2016 chez Fayard et aux éditions du musée du Louvre et dont le travail a nourri le présent ouvrage.

Le Louvre

Le palais à travers les siècles

Guillaume Fonkenell

Restitutions 3D
Hubert Naudeix, Marlène Faure

éditions Honoré Clair

Louvre éditions

Un petit livre pour une grande histoire

Le Louvre, un palais au cœur de Paris, un musée riche de cinq cent mille œuvres qui offre à plus de huit millions de visiteurs par an ses 60 000 mètres carrés de galeries. Pour ce lieu de tous les superlatifs, à quoi bon ce petit album ? Pourquoi un nouveau livre sur ce sujet qu'explorent déjà tant d'ouvrages, tant d'articles, tant de films et de documentaires ?
C'est d'abord que le moment est opportun. En 2016, après dix années d'un intense travail, voyait le jour une somme monumentale en trois volumes, réunissant plus d'une centaine d'auteurs et consacrée à l'histoire du Louvre de la Préhistoire jusqu'à aujourd'hui. La connaissance du palais et du musée s'en est trouvée profondément renouvelée. Il a paru nécessaire à l'auteur de ces lignes de porter quelques-uns de ces apports à la connaissance de tous ceux que le Louvre intéresse. Le présent petit ouvrage se veut donc un reflet – simplifié mais fidèle – d'un autre grand livre.
Par ailleurs, comme toujours lorsqu'on explore des territoires complexes, il est parfois utile de disposer d'une simple boussole pour s'orienter. Les reconstitutions virtuelles du Louvre d'âge en âge doivent permettre au curieux de se repérer plus facilement dans une histoire faite de multiples rebondissements. C'est aussi un essai de leçon d'architecture, discipline qui fascine mais face à laquelle de nombreux lecteurs se sentent désarmés et privés de clefs d'analyse. En fin de volume, un glossaire a d'ailleurs été ajouté pour faciliter la compréhension des quelques rares termes techniques qu'il n'a pas été possible d'éviter. Car quelle plus belle leçon d'architecture que le Louvre ? Peu de bâtiments peuvent en effet prétendre, comme lui, avoir suscité tant d'attention et de réflexions sur plus de huit cents ans. Et comme au commencement de toute démarche d'élucidation il y a une part d'imaginaire, j'espère enfin que ce livre nourrira votre imagination. À vous de parcourir désormais les puissantes substructures du Moyen Âge, la partition érudite de la Renaissance ou le grand jeu de la Colonnade de Louis XIV. À vous d'imaginer l'agitation de la houle révolutionnaire ou la fourmilière du chantier de Napoléon III.
À vous de regarder le Louvre.

G. F.

Le Louvre avant le Louvre

Rien ne prédisposait le site du Louvre à accueillir l'un des plus grands palais européens et l'un des premiers musées du monde. À l'origine, on trouve en effet une petite éminence en bordure de Seine, exposée aux crues du fleuve et située à environ 800 mètres des îlots qui permettaient, sans doute dès les temps préhistoriques, de franchir le cours d'eau. La cité antique de Lutèce ne s'est pas étendue jusqu'à l'emplacement du Louvre, qui est resté jusqu'au XIIe siècle une campagne aux marges de la ville.

Si les plus anciennes traces de présence humaine au Louvre remontent à la période du Mésolithique (8000-5500 avant J.-C.), la première occupation significative n'est attestée qu'à la fin du Néolithique (5400-4200 avant J.-C.) : des cultivateurs ont creusé dans le sol des fosses-silos et ont laissé des restes de poteries. Ces vestiges relèvent sans doute davantage d'une occupation temporaire que d'une installation permanente.

La première mise en culture du site date probablement de la fin de l'âge du Bronze (1250-750 avant J.-C), comme le confirment les traces d'une ferme de cette période, découverte lors des fouilles des années 1980. Les occupants d'alors cultivaient des céréales, élevaient des bœufs et des porcs et utilisaient les ressources des arbres fruitiers sauvages des environs.

Alors qu'au tournant de notre ère, la région tout entière connaissait un important développement avec l'affermissement de la riche tribu gauloise des Parisii puis avec l'occupation romaine, le site du Louvre est resté une petite banlieue rurale et vivrière aux marges de la ville de Lutèce, qui était établie surtout sur les îles et sur la rive gauche. Seule a été mise en place une organisation plus rationnelle des parcelles – marquée par des fossés rectilignes trouvés lors des fouilles du Grand Louvre. Une extraction d'argile à ciel ouvert a également pris de l'ampleur, peut-être pour alimenter en matériau de construction la ville voisine en pleine extension.

Toutes ces activités ont cessé après la chute de l'Empire, au moment où la cité s'est repliée sur elle-même, et l'on ne dispose d'aucune information sur la vie du site entre le VIIe et le XIIe siècle. D'après la tradition, c'est peut-être sur l'emplacement du futur château du Louvre que les Normands auraient établi leur camp lorsqu'ils ont assiégé Paris entre 885 et 886, date à laquelle ils ont détruit la petite église de Saint-Germain-l'Auxerrois, siège de la paroisse du Louvre dont l'origine remonte aux temps mérovingiens (vers 510-750).

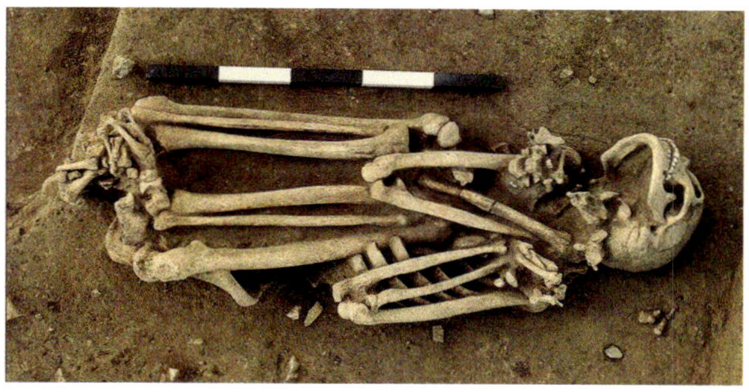

Ci-dessus, de haut en bas

Céramiques
Ces céramiques, trouvées lors des fouilles des années 1980, appartiennent à la culture de Cerny (5400-4200 avant J.-C.), dénommée d'après un site de l'Essonne où ce type de production a été étudié pour la première fois.

Sépulture
Les fouilles du « Grand Louvre » ont permis de dégager cette sépulture, qui remonte probablement à la fin de l'âge du Bronze (1250-750 avant J.-C).

Ci-dessous

Le site du Louvre
Cette évocation du paysage du site du Louvre à la fin de la période gallo-romaine montre les fermes de l'époque gallo-romaine et la carrière d'argile partiellement désaffectée.

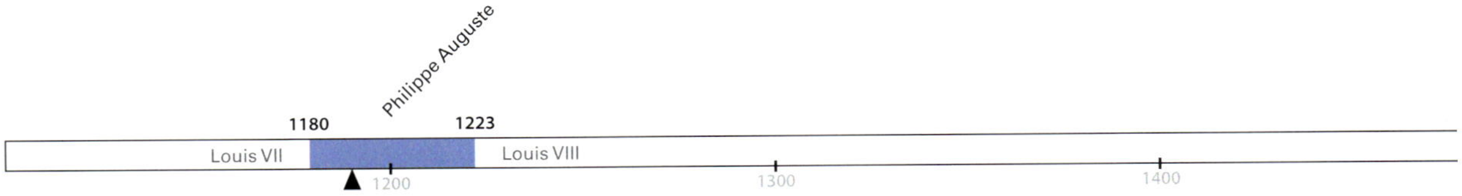

Philippe Auguste

Au cours du XIIe siècle, les rois capétiens cherchent à renforcer leur autorité, tant sur leurs vassaux que sur les territoires qu'ils contrôlent directement et qui forment le domaine royal. Paris, cœur économique de ce domaine, devient par ailleurs un centre religieux important et, sous le règne de Philippe Auguste (1180-1223), la capitale politique et administrative du souverain. Pour renforcer la sécurité de la ville, qui n'est située qu'à 60 kilomètres des terres de la famille anglo-normande des Plantagenêts, grande rivale des Capétiens, Philippe Auguste fait entreprendre en 1190 une nouvelle fortification qui doit entourer Paris en commençant par la rive droite, la plus peuplée. Sa jonction avec la Seine, surtout du côté ouest, est un point faible, renforcé par un château achevé avant 1202 : c'est la naissance du Louvre. Loin d'être une demeure royale au cœur de la capitale, ce premier Louvre est au contraire un château de garnison aux limites de la ville.

1190

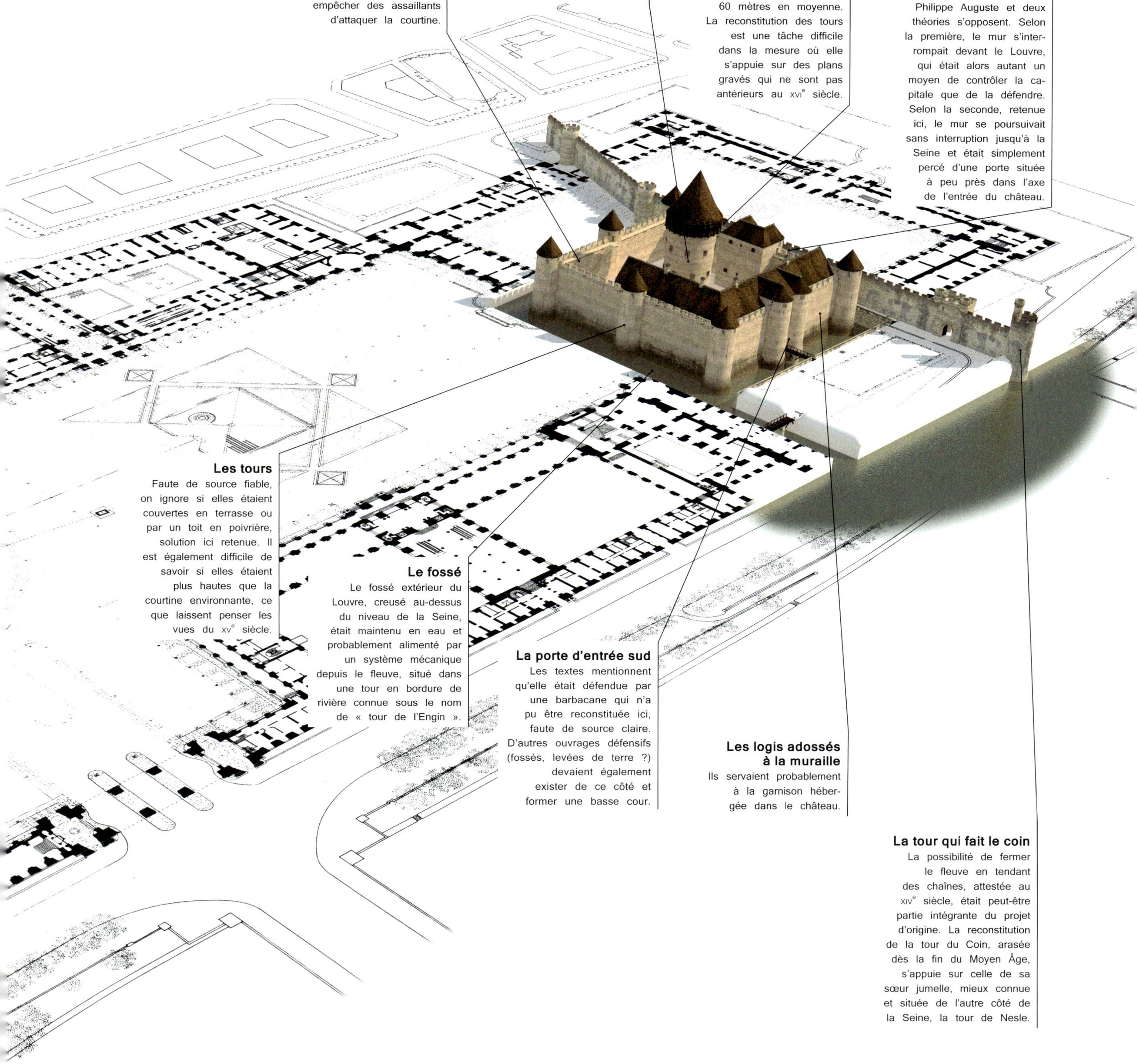

La courtine
L'espace entre les tours était calculé en fonction de la portée d'une arbalète de façon à empêcher des assaillants d'attaquer la courtine.

Le donjon
D'après l'historien du XVIIe siècle Henri Sauval, il mesurait plus de 30 mètres de haut.

L'enceinte
Elle était constituée d'un mur de 2,8 kilomètres en rive droite, protégé par des tours espacées de 60 mètres en moyenne. La reconstitution des tours est une tâche difficile dans la mesure où elle s'appuie sur des plans gravés qui ne sont pas antérieurs au XVIe siècle.

La jonction de l'enceinte avec le Louvre
Le Louvre n'était pas relié directement au mur de Philippe Auguste et deux théories s'opposent. Selon la première, le mur s'interrompait devant le Louvre, qui était alors autant un moyen de contrôler la capitale que de la défendre. Selon la seconde, retenue ici, le mur se poursuivait sans interruption jusqu'à la Seine et était simplement percé d'une porte située à peu près dans l'axe de l'entrée du château.

Les tours
Faute de source fiable, on ignore si elles étaient couvertes en terrasse ou par un toit en poivrière, solution ici retenue. Il est également difficile de savoir si elles étaient plus hautes que la courtine environnante, ce que laissent penser les vues du XVe siècle.

Le fossé
Le fossé extérieur du Louvre, creusé au-dessus du niveau de la Seine, était maintenu en eau et probablement alimenté par un système mécanique depuis le fleuve, situé dans une tour en bordure de rivière connue sous le nom de « tour de l'Engin ».

La porte d'entrée sud
Les textes mentionnent qu'elle était défendue par une barbacane qui n'a pu être reconstituée ici, faute de source claire. D'autres ouvrages défensifs (fossés, levées de terre ?) devaient également exister de ce côté et former une basse cour.

Les logis adossés à la muraille
Ils servaient probablement à la garnison hébergée dans le château.

La tour qui fait le coin
La possibilité de fermer le fleuve en tendant des chaînes, attestée au XIVe siècle, était peut-être partie intégrante du projet d'origine. La reconstitution de la tour du Coin, arasée dès la fin du Moyen Âge, s'appuie sur celle de sa sœur jumelle, mieux connue et située de l'autre côté de la Seine, la tour de Nesle.

Un chef-d'œuvre des ingénieurs militaires de Philippe Auguste

Le Louvre de Philippe Auguste n'est pas une construction isolée. Il s'inscrit dans un vaste programme de mise en défense du domaine royal, lequel prévoit l'édification d'une vingtaine de châteaux, dont certains sont encore debout aujourd'hui, comme celui de Dourdan, à une quarantaine de kilomètres au sud-ouest de Paris. Ces édifices sont l'œuvre d'un corps d'ingénieurs voulu par le roi Philippe Auguste et répondent à un schéma géométrique, déclinable sur tous les sites où le relief le permet. Eu égard à l'ampleur des sommes engagées et à l'implication directe du roi, un tel chantier supposait la mise en place d'une structure administrative efficace. Le Louvre est l'une des premières constructions entreprises et constitue une sorte de prototype qui a été ensuite recopié et corrigé et qui eut une importante postérité durant tout le Moyen Âge.

La muraille créée par Philippe Auguste a pour objectif prioritaire la défense de Paris, bien que la menace principale se soit éloignée après 1204, date de la conquête du duché de Normandie, jusqu'alors sous domination plantagenêt. Elle tient également compte de l'extension de la ville, qui avait largement débordé l'ancienne enceinte du temps des Carolingiens. Le chantier est enfin le moyen d'affirmer l'autorité et la présence royales, alors que le souverain est retenu loin de son royaume par la croisade.

Le château du Louvre lui-même se distingue du reste de l'enceinte par ses hautes murailles et présente la forme d'un carré dont les côtés vont de 70 à 80 mètres de long. Les angles et le milieu de chaque face sont défendus par des tours circulaires. Le système est plus complexe sur les côtés tournés vers la ville et vers la Seine, où des portes, percées au milieu des faces, sont défendues par deux tours. Le choix de ce plan s'explique à la fois par sa simplicité et par des références aux théories antiques de la fortification.

Le donjon, protégé par son propre fossé, n'est pas situé au centre de ce carré, mais décalé vers l'angle nord-est. Cette disposition est sans doute due à la présence de logis adossés aux côtés ouest et sud. Le donjon est le dernier refuge des défenseurs en cas de prise des murs du château et ils y disposent d'un puits et d'une citerne. C'était aussi un symbole fort du pouvoir royal, dominant le reste de l'édifice et la campagne environnante. Il sert à la fois de coffre-fort de la monarchie et de prison pour des captifs politiques importants, comme le comte de Flandres, vassal révolté du roi, vaincu à la bataille de Bouvines (1214) et incarcéré durant treize ans dans la tour du Louvre.

Marques de tâcheron
Ces signes, ici en forme de cœur, gravés dans la pierre permettaient au tailleur de pierre, réglé au nombre de blocs fournis, d'obtenir sa rétribution. Cette pratique témoigne d'une forme d'organisation du travail et de standardisation dans la production en série des éléments de base de la construction.

Ci-dessus
Les fouilles du Louvre du Moyen Âge
Le château du Moyen Âge a été démoli entre 1528 et 1660, mais on s'est contenté de remblayer les parties situées en dessous du sol. Des fouilles menées par Adolphe Berty en 1866 puis par Michel Fleury en 1984 et 1985 ont donc permis de les remettre au jour. On peut voir au second plan le donjon entouré de son fossé circulaire et au premier plan, à gauche, l'ancienne entrée du château avec sa pile et ses deux tours. La fondation rectangulaire juste à droite est une adjonction postérieure au règne de Philippe Auguste et date probablement du règne de Charles V.

Page de droite, en haut
Le fossé du château et la pile d'entrée
Le pont de bois qui permettait d'entrer dans le château était porté par une pile et séparé en deux parties : du côté de la ville, un platelage fixe, et du côté du château, un pont-levis. Il fallait ensuite traverser un étroit passage (de moins de 2 mètres de large) entre les deux tours pour arriver dans la cour. Le mur qui supporte la base du château (à gauche) est beaucoup mieux appareillé que celui qui lui fait face et dont la seule fonction était de retenir les terres en bordure du fossé.

Page de droite, en bas
Le fossé et la base du donjon
Le fossé du donjon n'était pas alimenté en eau. Les fouilles archéologiques ont confirmé qu'il servait également de poubelle pour le château. La seule partie qui nous reste du Louvre du Moyen Âge et que nous parcourons aujourd'hui est donc celle que les hommes de cette époque considéraient comme la moins noble et où ils ne se rendaient que pour le curage.

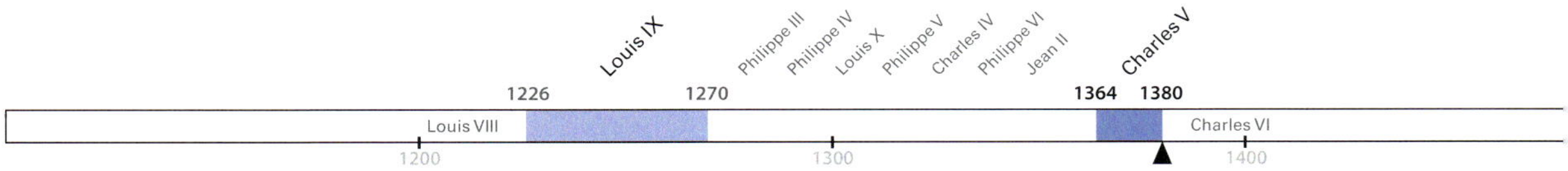

Charles V

Durant les XIIIe et XIVe siècles, le Louvre connaît une métamorphose radicale. L'extension de la ville lui fait perdre sa fonction militaire et les rois capétiens manifestent de l'intérêt pour cet édifice facilement accessible depuis la rivière. Mais ce sont leurs successeurs, les Valois, et en particulier Charles V (roi de 1364 à 1380), qui achèvent de faire du château de garnison une véritable résidence royale, où préoccupations de confort et mise en scène symbolique du pouvoir sont étroitement mêlées. Les troubles de la guerre de Cent Ans expliquent l'abandon de cette résidence au cours du XVe siècle, période au cours de laquelle les rois préfèrent s'établir dans le Val de Loire.

1380

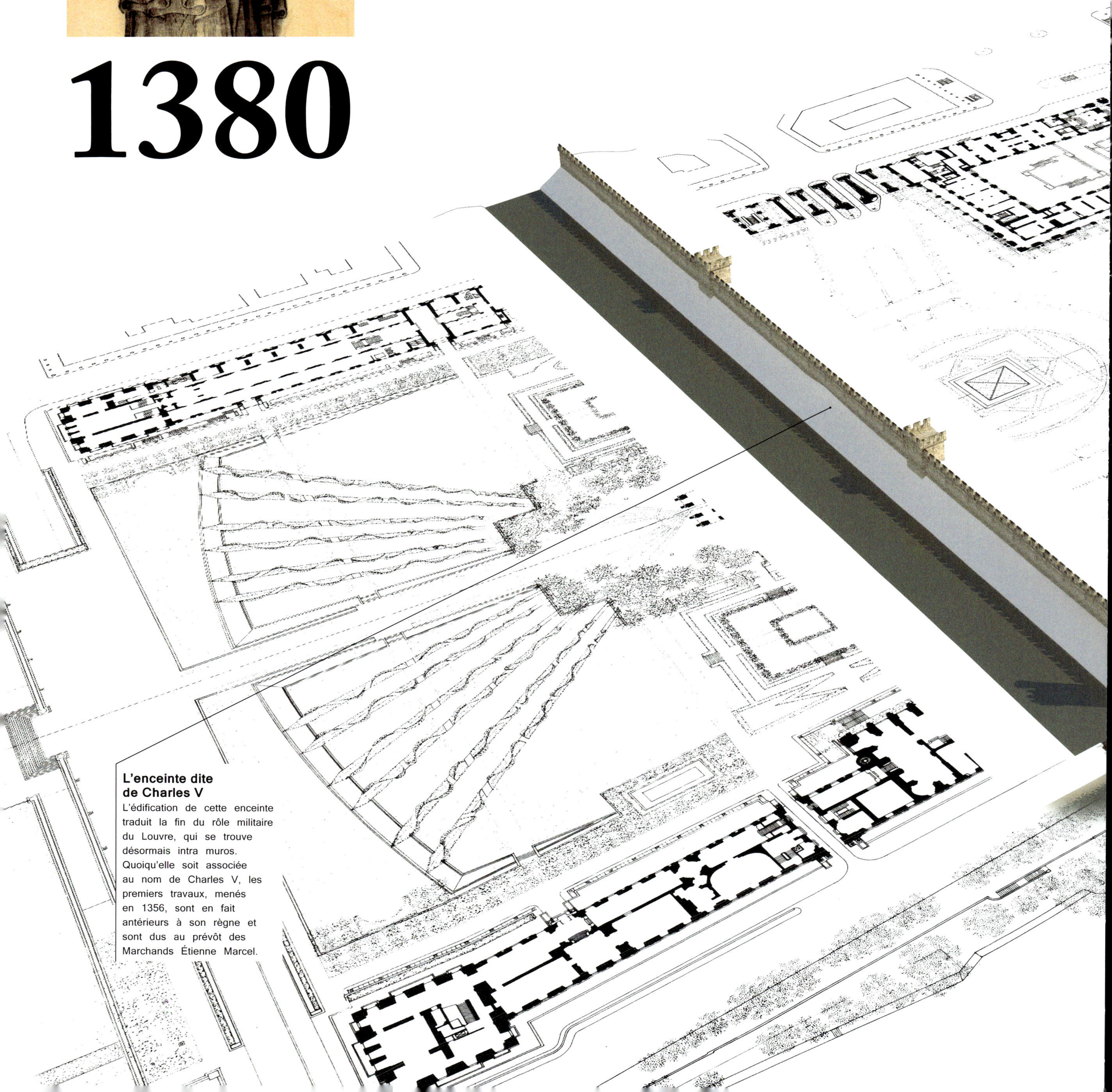

L'enceinte dite de Charles V
L'édification de cette enceinte traduit la fin du rôle militaire du Louvre, qui se trouve désormais intra muros. Quoiqu'elle soit associée au nom de Charles V, les premiers travaux, menés en 1356, sont en fait antérieurs à son règne et sont dus au prévôt des Marchands Étienne Marcel.

1500 1600 1700 1800 1900 2000

Les jardins du Louvre
Le logis royal avait vue sur des jardins organisés en carrés, où l'on trouvait des pavillons de treillage mais aussi des préaux, petites prairies fleuries.

La grande vis
L'accès aux étages du logis royal se faisait par une « grande vis », un escalier en spirale placé en saillie sur la façade. Cet escalier d'honneur a ensuite été imité dans de nombreux châteaux, y compris à la Renaissance.

La tour de la Taillerie
Cette tour tire peut-être son nom des tailleurs chargés de confectionner les habits d'apparat des membres de la Cour.

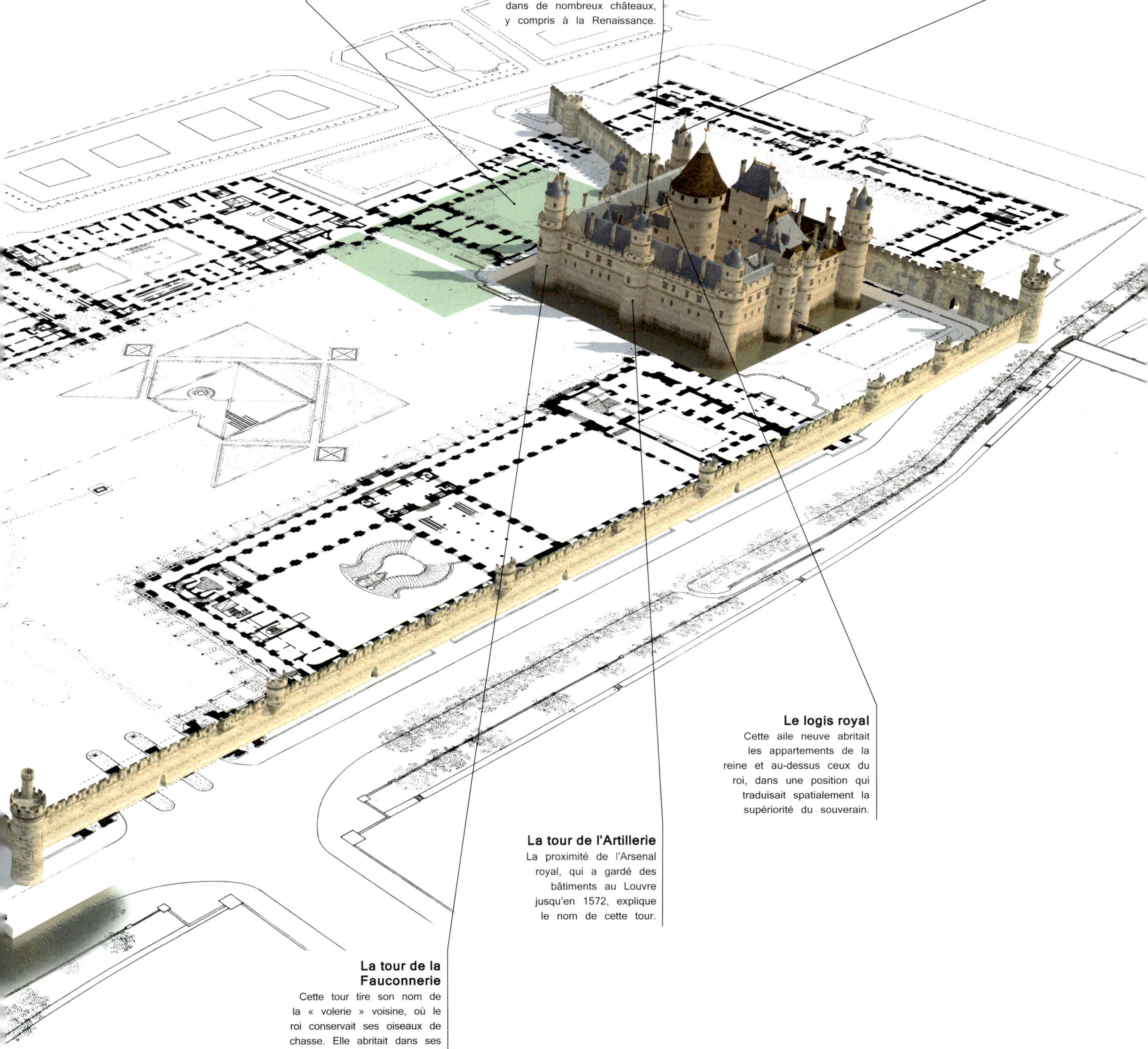

Le logis royal
Cette aile neuve abritait les appartements de la reine et au-dessus ceux du roi, dans une position qui traduisait spatialement la supériorité du souverain.

La tour de l'Artillerie
La proximité de l'Arsenal royal, qui a gardé des bâtiments au Louvre jusqu'en 1572, explique le nom de cette tour.

La tour de la Fauconnerie
Cette tour tire son nom de la « volerie » voisine, où le roi conservait ses oiseaux de chasse. Elle abritait dans ses parties hautes la bibliothèque. Le Louvre possédait aussi une ménagerie, connue sous le nom d'« hôtel des Lions ».

La résidence de Charles V

Les témoignages de l'intérêt des derniers Capétiens pour le Louvre ont été en grande partie effacés par les travaux de grande ampleur menés à partir de Charles V. Le château n'est pas sa seule résidence parisienne puisque ce roi dispose aussi du palais de la Cité, des Tournelles et de Vincennes, mais le Louvre est très représentatif des ambitions et de la personnalité de ce souverain. Charles V met en scène sa dynastie dans l'escalier, magnifie sa personne dans un logis de grande ampleur et soutient sa réputation de « Sage » par la présence d'une bibliothèque de première importance.

Plusieurs aménagements de prestige remontent au roi capétien Saint Louis : c'est sous son règne, entre 1226 et 1270, que l'on voûte une grande salle en sous-sol de l'aile ouest. Des carreaux de pavement retrouvés dans le puits du donjon portent également les emblèmes de ce roi. Un autre pavement dans la tour nord-est date du règne de son petit-fils Philippe IV le Bel (1284-1314).

Charles V confie la transformation du château à l'architecte Raymond du Temple : de nombreuses fenêtres sont alors ouvertes dans les murailles, de nouveaux logis sont créés et l'on surélève les tours et les constructions existantes. Surtout, on édifie une aile neuve sur le côté nord du château, avec vue sur d'importants jardins, dédiée au logement de Charles V et à celui de la reine. Le logis du roi témoigne par le nombre et l'organisation des pièces de la complexité du cérémonial en vigueur : il oppose de vastes espaces collectifs (grande salle et chambre de parement, où le roi ne dormait pas mais où il recevait) à d'autres plus privés situés à l'extrémité ouest de l'aile. Charles V y dispose d'une importante bibliothèque répartie sur trois niveaux dans la tour nord-ouest et comportant à sa mort plus de neuf cents volumes : en bas se trouvent les ouvrages précieux, au milieu les romans et chansons pour le délassement du souverain, et en haut la partie savante, essentiellement en latin, avec la théologie et l'astrologie. La bibliothèque est accessible aux savants et le roi prête ses ouvrages aux grands du royaume pour qu'ils en fassent des copies.

Le Louvre est saturé de représentations du souverain, qui apparaît avec son épouse dès la porte d'entrée du côté de la ville. Sa statue orne aussi le dessus de la porte du donjon. Sur la façade de la « grande vis », l'escalier qui mène à son logis, il fait sculpter les principaux membres de sa famille dans l'ordre de la succession, placés sous la protection de la Vierge et de saint Jean et peut-être d'un Christ en Croix, tandis que de monumentaux sergents d'armes en pierre veillent sur les portes des appartements.

Charles V et Jeanne de Bourbon
Ces statues, qui se trouvaient au Louvre sous l'Ancien Régime, sont supposées provenir du décor de la porte d'entrée du côté de la ville. Les vues anciennes montrent des statues monumentales dans des niches au deuxième étage. Celles du côté de la Seine ont donné lieu à des identifications contradictoires et pourraient être postérieures au règne de Charles V. Dans tous les cas, il s'agit de répéter le modèle mis en place sur la porte orientale.

Ci-contre
Carreaux de pavement
Les décors qui ornent ces carreaux sont à rapprocher du roi Saint Louis (la fleur de lys), de la reine Marguerite (la fleur, en bas à droite) et de la mère du roi, Blanche de Castille (le château qui ornait les armes de sa famille, en bas à gauche).

Ci-dessus, à gauche
La crypte Saint-Louis
Cette pièce souterraine est le fruit d'une transformation des parties enterrées du Louvre de Philippe Auguste, comme le prouve la manière dont les voûtes ont été incrustées après coup dans la maçonnerie. Ce sont la forme et le décor des chapiteaux qui ont permis de la dater du règne de Saint Louis (1226-1270).

Ci-dessus, à droite
Piliers dans le fossé du donjon
Ces substructions sont tout ce qui reste de l'aile royale de Charles V : au fond, on distingue les bases de la « grande vis », puis un pilier supportant la galerie et le pont menant au donjon. Le culot au premier plan est celui de la petite vis, qui permettait au roi de descendre discrètement de ses appartements vers un couloir conduisant au jardin.

En haut

« Le Louvre », détail des *Très Riches Heures du duc de Berry*, vers 1440-1450

Cette représentation du Louvre est à la fois très précise pour ce qui est des principaux corps de bâtiment et profondément trompeuse : les toits, par exemple, y sont tous en ardoise, alors que toutes les vues postérieures montrent des couvertures plus bigarrées, dont une partie en tuile de Bourgogne. Cette image est fondatrice de l'imaginaire des « châteaux de contes de fées » qui perdure encore aujourd'hui.

Ci-dessus, à gauche

« Le Louvre », détail de la *Vierge de Pitié de Saint-Germain-des-Prés*, vers 1490

Ce détail est à l'inverse de la vision idéale des *Très Riches Heures du duc de Berry* : l'irrégularité de la façade sur la Seine est bien visible, avec sa porte décentrée vers la droite. La partie gauche comporte par ailleurs un niveau supplémentaire et l'ardoise se mêle à la tuile sur les toitures.

Ci-dessus, à droite

« Charles V dans sa bibliothèque », détail du *Policraticus* de Jean de Salisbury, 1372

Le roi Charles V a été surnommé « le Sage ». Sa « librairie » – nom ancien donné à une bibliothèque – était richement revêtue de panneaux de bois et le souverain y avait fait venir du mobilier de son palais de la Cité, en particulier des « roues à livres », c'est-à-dire des tables tournantes où il pouvait consulter plusieurs ouvrages en même temps.

Double page suivante

Le Louvre médiéval, restitution virtuelle

D'après un détail de *La Crucifixion du Parlement de Paris*, par le Maître de Dreux Budé, vers 1450.

1559

Henri II

Au XVIe siècle, la France a surmonté le grand conflit de la guerre de Cent Ans et retrouvé son dynamisme, au point de se lancer dans une coûteuse et finalement vaine entreprise de conquête de l'Italie. Pour François Ier, le plus grand roi bâtisseur de cette période, le Louvre médiéval est inadapté et doit être détruit pour être remplacé par un palais qui dépasse les grandes réalisations de ses rivaux, en particulier celles de l'empereur Charles Quint. Si l'intention de rebâtir entièrement le Louvre et le choix de l'architecte chargé de cette opération, Pierre Lescot, lui reviennent, c'est son fils Henri II qui mène à bien la première tranche de travaux.

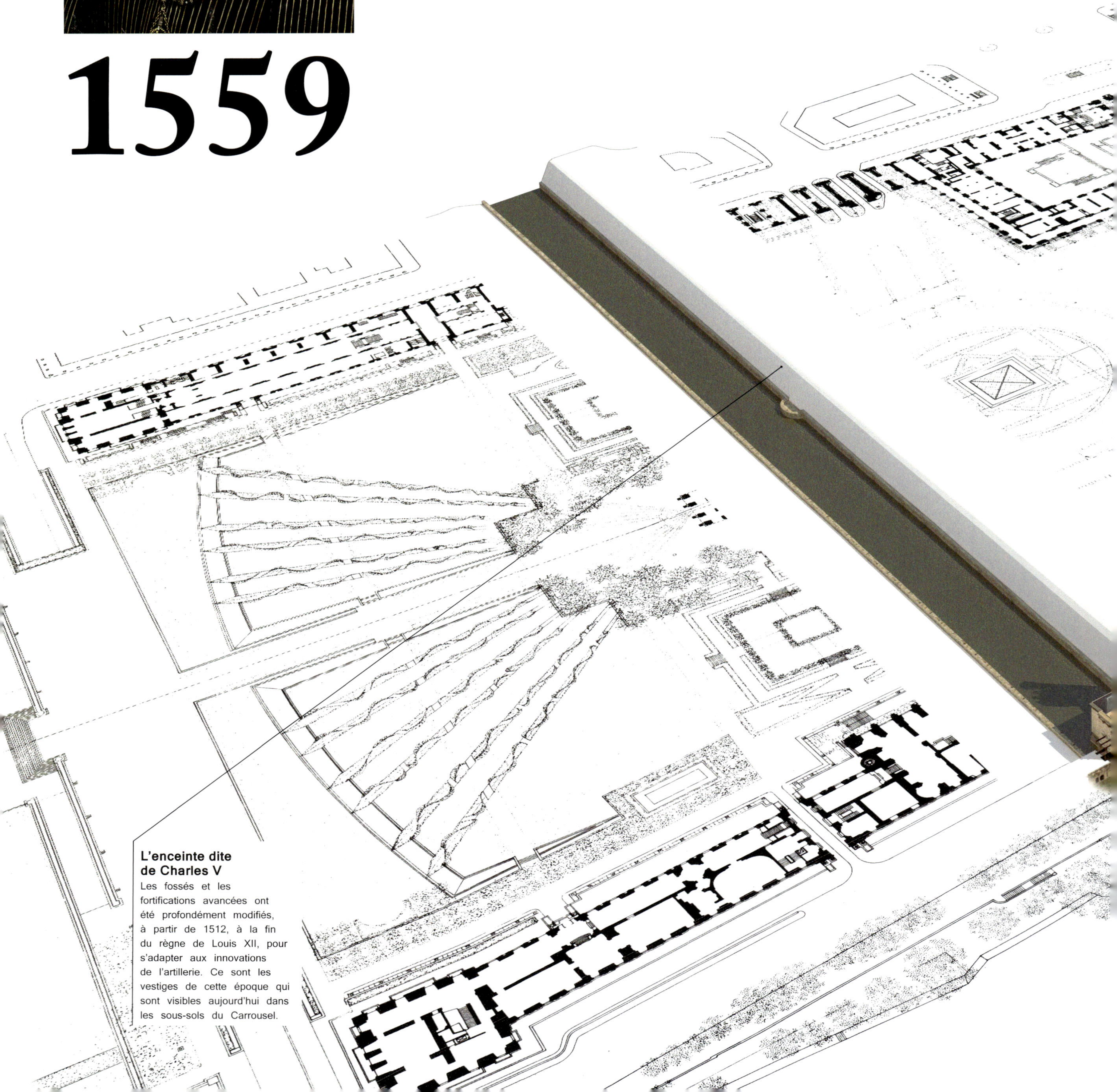

L'enceinte dite de Charles V
Les fossés et les fortifications avancées ont été profondément modifiés, à partir de 1512, à la fin du règne de Louis XII, pour s'adapter aux innovations de l'artillerie. Ce sont les vestiges de cette époque qui sont visibles aujourd'hui dans les sous-sols du Carrousel.

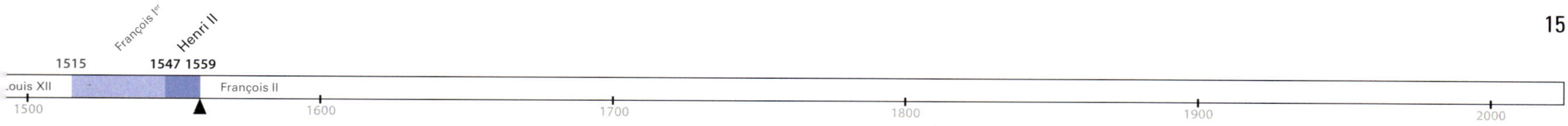

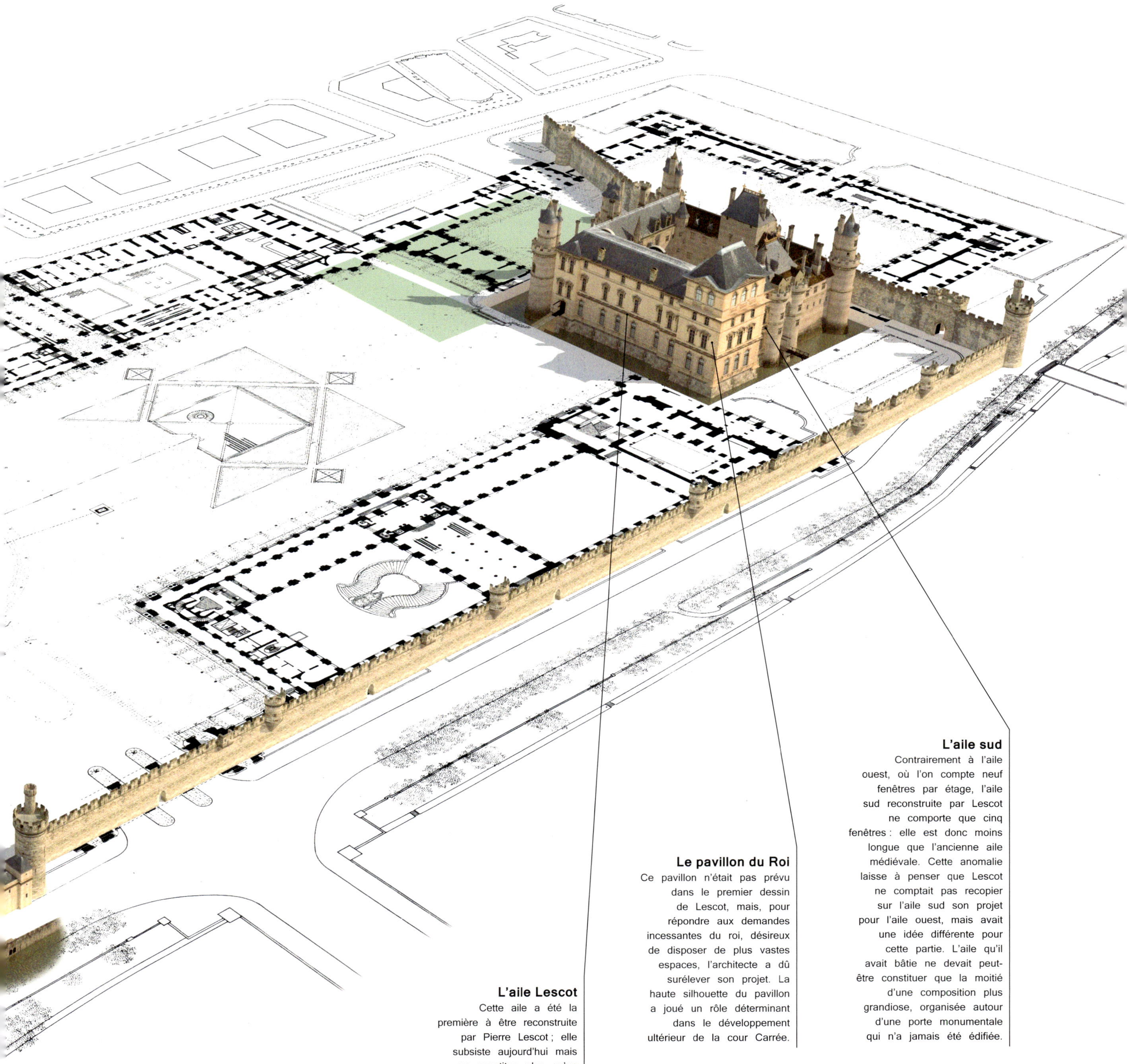

L'aile sud

Contrairement à l'aile ouest, où l'on compte neuf fenêtres par étage, l'aile sud reconstruite par Lescot ne comporte que cinq fenêtres : elle est donc moins longue que l'ancienne aile médiévale. Cette anomalie laisse à penser que Lescot ne comptait pas recopier sur l'aile sud son projet pour l'aile ouest, mais avait une idée différente pour cette partie. L'aile qu'il avait bâtie ne devait peut-être constituer que la moitié d'une composition plus grandiose, organisée autour d'une porte monumentale qui n'a jamais été édifiée.

Le pavillon du Roi

Ce pavillon n'était pas prévu dans le premier dessin de Lescot, mais, pour répondre aux demandes incessantes du roi, désireux de disposer de plus vastes espaces, l'architecte a dû surélever son projet. La haute silhouette du pavillon a joué un rôle déterminant dans le développement ultérieur de la cour Carrée.

L'aile Lescot

Cette aile a été la première à être reconstruite par Pierre Lescot ; elle subsiste aujourd'hui mais ne constitue plus qu'un huitième de la grande cour Carrée actuelle. Sa façade extérieure, transformée à plusieurs reprises au cours du XIXe siècle, était très dépouillée mais ne doit pas faire oublier la richesse de la décoration du revers côté cour.

Le palais à l'antique de Pierre Lescot et Jean Goujon

Le Louvre d'Henri II est l'un des monuments les plus marquants de la Renaissance française : son originalité s'explique en partie par un contexte de forte émulation entre les artistes au service du roi, mais aussi par la personnalité originale de son concepteur, l'architecte Pierre Lescot, clerc de noble extraction et fin connaisseur de l'Italie et de l'Antique. Lescot a su s'adjoindre un sculpteur d'exception, Jean Goujon, qui n'était pas qu'un exécutant et qui a sans doute joué un rôle majeur dans la conception du décor sculpté, essentiel au Louvre. Lescot a par ailleurs su s'adapter aux revirements incessants de son royal commanditaire pour produire une architecture qui présente une parfaite unité, en dépit de son élaboration par à-coups.

Le Louvre de Lescot entend renouer avec la grandeur de l'Antiquité romaine. Sur la façade, la richesse des ordres d'architecture, inspirés du traité de Vitruve et des vestiges archéologiques, traduit l'importance de l'occupant des lieux. À l'intérieur, dans la grande salle de bal du rez-de-chaussée, le roi et sa famille disposent d'une estrade monumentale (autrefois surélevée et désignée sous le nom de « tribunal ») qui forme un arc de triomphe à l'antique. Encadrant la porte d'entrée de cette salle, une tribune sert pour les musiciens. Elle est portée par quatre cariatides qui ne renvoient pas au modèle grec de l'Érechthéion, inconnu à la Renaissance, mais à son interprétation romaine sur le forum d'Auguste, ce qui fait du roi de France l'émule des empereurs romains.

Lescot est aussi un fin connaisseur des réalisations modernes de l'Italie, ce qui explique la recherche de géométrie parfaite de la façade sur cour, de part et d'autre d'un axe de symétrie, et de nombreux détails inspirés des chantiers romains en cours, comme les angles puissants du pavillon du Roi, directement copiés sur les bossages du palais Farnèse. Sur la façade côté cour, le jeu des avant-corps, l'élan vertical qui les anime et la haute toiture d'ardoise rehaussée de plombs richement ornés relèvent cependant d'un goût typiquement français qui plonge ses racines dans le Moyen Âge.

La place de la sculpture et la recherche de l'ornement sont peut-être ce qui distingue le plus le Louvre de Lescot des autres grands chefs-d'œuvre de la Renaissance. Le dernier étage de la façade sur cour – ajouté en cours de chantier – abrite un programme sculpté en bas relief qui est un véritable portrait codé du souverain, associant des allégories de la guerre, des arts et de la prospérité. Les pièces de l'appartement du Roi sont revêtues d'un très riche décor de menuiserie : si les lambris et le parquet marqueté de la salle des gardes ont disparu dès la fin du XVIe siècle, le plafond de l'antichambre et surtout une grande partie du décor de la grande chambre du Roi, exécutée par le menuisier italien Scibec de Carpi et le sculpteur français Étienne Carmoy d'après les dessins de Lescot, subsistent encore aujourd'hui.

***La Science ou l'Astronomie* de la façade du Louvre**
Cette puissante figure masculine, inspirée de Michel-Ange, incarne la réflexion géométrique, comme le montrent ses attributs, et indique que le roi était un protecteur des sciences. Son relief est plus marqué que celui de la *Renommée*, car la sculpture était placée plus en hauteur.

Ci-contre
***La Gloire* et *La Renommée* par Jean Goujon**
La Gloire tend une couronne de laurier de sa main gauche et porte de l'autre la palme de la victoire, alors que La Renommée embouche sa trompette pour proclamer la splendeur du roi Henri II. C'est un manifeste du savoir-faire de Goujon dans l'art du bas-relief, animé par les mouvements contraires des drapés linéaires qui guident le regard.

Ci-dessous, à gauche
Jacques Androuet du Cerceau, *Le pavillon du Roi*, vers 1570-1575
Le roi avait installé son conseil au rez-de-chaussée et sa chambre officielle au premier. Les pièces privées occupaient les étages supérieurs, en particulier le dernier niveau, avec un vaste cabinet belvédère ouvrant sur la Seine. Ce pavillon a été peu à peu détruit au cours de l'extension de 1668 et de l'achèvement des parties hautes de la cour Carrée en 1806.

Ci-dessous, à droite
Jacques Androuet du Cerceau, *La façade sur cour du Louvre de Pierre Lescot*

En haut

La tribune des Cariatides

Inspirées d'un modèle romain, les cariatides de Lescot et Goujon sont aussi très influencées par le « maniérisme » italien, courant artistique qui n'hésite pas à souligner artificiellement les formes du corps : les petites têtes, la poitrine placée très haut, le déhanchement exacerbé par le jeu du drapé rassemblé en un gros nœud sur le pubis relèvent de cette esthétique.

Ci-dessus, de gauche à droite

Le grand escalier du Louvre

Avec ses rampes droites, l'escalier de Lescot est à l'opposé de la grande vis médiévale. La voûte, traitée comme une treille tendue de guirlandes de chêne, est ornée de thèmes complexes et codés, hymne à la fécondité de la Nature et aux rythmes de l'Univers. Des symboles lunaires, adoptés par le roi Henri II, y tiennent une place importante.

Le plafond de la chambre du Roi

Ce plafond, en bois doré, donnait l'illusion d'être une seule « grande pièce de bronze », au dire de l'historien du XVIIe siècle Henri Sauval. Ce parti pris, avec ses armures à l'antique, s'oppose à l'art des stucs et de la fresque mis en œuvre à Fontainebleau par les Italiens appelés à la cour de France. Le décor de cette chambre subsiste aujourd'hui, même s'il a été déplacé et remonté dans l'aile de la Colonnade du Louvre.

Double page suivante

La façade sur cour du Louvre de Pierre Lescot

1200 1300 1400

Catherine de Médicis

De 1562 à 1598, la France sombre dans les guerres de Religion, terrible conflit civil qui oppose protestants et catholiques, mais aussi intérêts politiques et économiques divergents. La monarchie, affaiblie après la mort accidentelle d'Henri II en 1559, tente dans un premier temps de reprendre la main, sous l'égide de la veuve du roi, Catherine de Médicis, reine mère qui gouverne en lieu et place de ses enfants et exerce une profonde influence. Au Louvre, les travaux se poursuivent lentement, avec l'édification d'une partie de l'aile sud, suivant le modèle imaginé par Lescot. Catherine de Médicis entreprend par ailleurs de faire aménager pour son propre usage un vaste domaine avec un palais et un jardin dans le petit faubourg artisanal situé en dehors de l'enceinte de Charles V ; c'est la naissance des Tuileries. Mais les Valois finissent par être emportés en 1589, année qui voit la mort de la reine mère et l'assassinat de son dernier fils, le roi Henri III.

1589

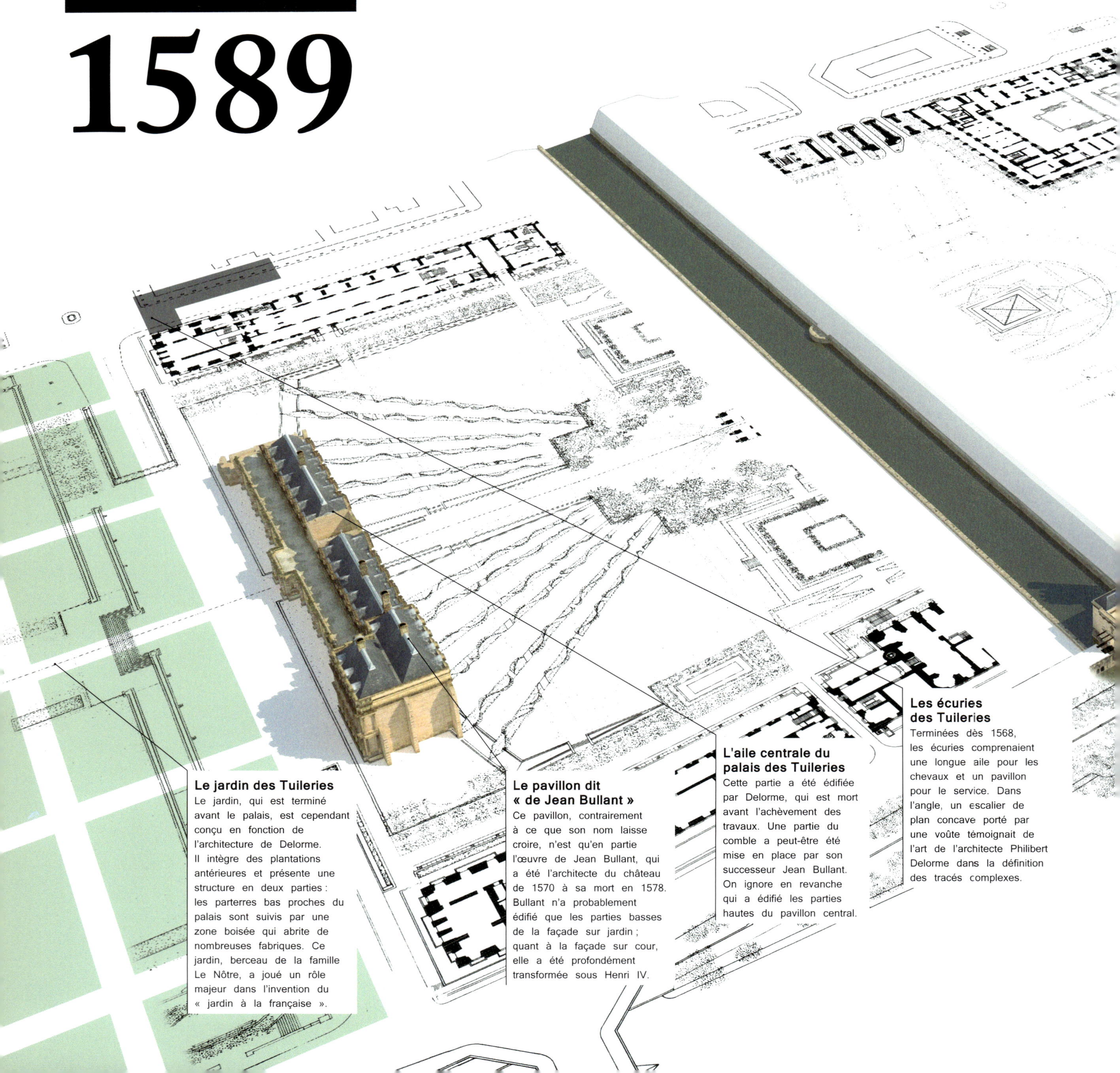

Le jardin des Tuileries
Le jardin, qui est terminé avant le palais, est cependant conçu en fonction de l'architecture de Delorme. Il intègre des plantations antérieures et présente une structure en deux parties : les parterres bas proches du palais sont suivis par une zone boisée qui abrite de nombreuses fabriques. Ce jardin, berceau de la famille Le Nôtre, a joué un rôle majeur dans l'invention du « jardin à la française ».

Le pavillon dit « de Jean Bullant »
Ce pavillon, contrairement à ce que son nom laisse croire, n'est qu'en partie l'œuvre de Jean Bullant, qui a été l'architecte du château de 1570 à sa mort en 1578. Bullant n'a probablement édifié que les parties basses de la façade sur jardin ; quant à la façade sur cour, elle a été profondément transformée sous Henri IV.

L'aile centrale du palais des Tuileries
Cette partie a été édifiée par Delorme, qui est mort avant l'achèvement des travaux. Une partie du comble a peut-être été mise en place par son successeur Jean Bullant. On ignore en revanche qui a édifié les parties hautes du pavillon central.

Les écuries des Tuileries
Terminées dès 1568, les écuries comprenaient une longue aile pour les chevaux et un pavillon pour le service. Dans l'angle, un escalier de plan concave porté par une voûte témoignait de l'art de l'architecte Philibert Delorme dans la définition des tracés complexes.

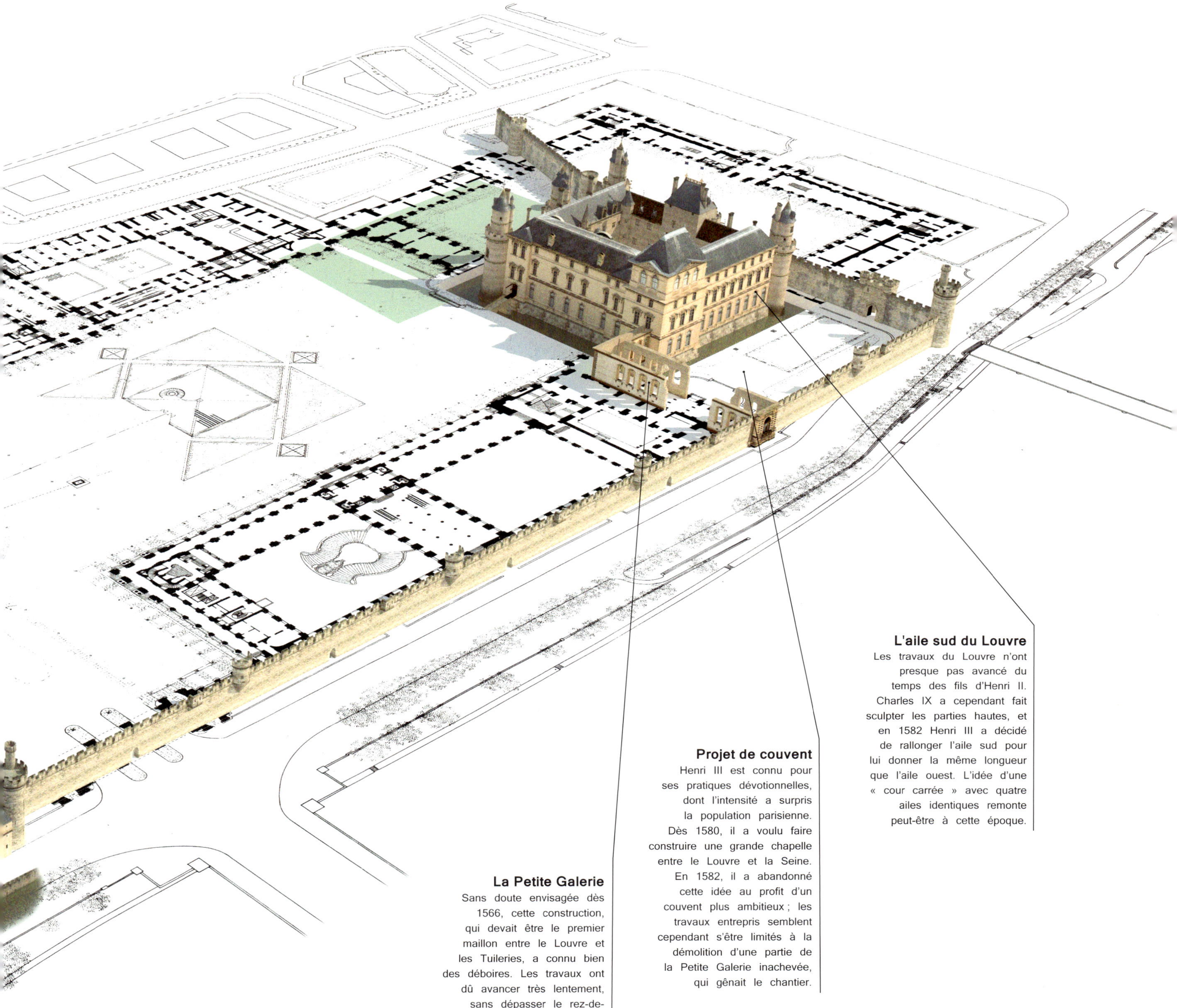

L'aile sud du Louvre

Les travaux du Louvre n'ont presque pas avancé du temps des fils d'Henri II. Charles IX a cependant fait sculpter les parties hautes, et en 1582 Henri III a décidé de rallonger l'aile sud pour lui donner la même longueur que l'aile ouest. L'idée d'une « cour carrée » avec quatre ailes identiques remonte peut-être à cette époque.

Projet de couvent

Henri III est connu pour ses pratiques dévotionnelles, dont l'intensité a surpris la population parisienne. Dès 1580, il a voulu faire construire une grande chapelle entre le Louvre et la Seine. En 1582, il a abandonné cette idée au profit d'un couvent plus ambitieux ; les travaux entrepris semblent cependant s'être limités à la démolition d'une partie de la Petite Galerie inachevée, qui gênait le chantier.

La Petite Galerie

Sans doute envisagée dès 1566, cette construction, qui devait être le premier maillon entre le Louvre et les Tuileries, a connu bien des déboires. Les travaux ont dû avancer très lentement, sans dépasser le rez-de-chaussée, puis s'interrompre au début des années 1580.

Un palais pour la reine mère

Constitué dès l'accession de Catherine de Médicis au pouvoir en 1561, le domaine des Tuileries se compose avant tout d'un grand jardin et d'un ensemble d'écuries – nécessaires pour désengorger le Louvre voisin. Le palais, en revanche, est toujours inhabitable à la mort de la reine mère : seuls la partie centrale de l'aile sur jardin et un pavillon ont été édifiés. Connu par les dessins et les gravures de Jacques Androuet du Cerceau, le projet complet, confié successivement aux architectes Philibert Delorme, Jean Bullant et Baptiste Androuet du Cerceau, traduit bien l'inflation caractéristique des programmes du début des guerres de Religion, moment où la monarchie tente de réaffirmer sa supériorité en faisant sortir de terre des bâtiments d'une taille et d'une complexité jusqu'alors jamais vues en France.

Les Tuileries sont le dernier chantier important de Delorme, qui imagine un palais bâti autour de trois grandes cours, avec de nombreux éléments rappelant l'architecture éphémère des fêtes, en particulier les vastes amphithéâtres ovales des cours latérales. Il s'agit sans doute de répondre à une demande de Catherine de Médicis, qui mène alors une politique de faste destinée à réconcilier les partis rivaux par l'organisation de divertissements somptueux. Le jardin apparaît aussi comme un lieu ludique, avec son labyrinthe, sa grande salle de bois qui accueille les ambassadeurs polonais et surtout sa grotte artificielle, chef-d'œuvre du céramiste Palissy, qui peut installer son atelier dans un ancien four de tuilier acheté par la reine mère. Delorme se présente comme un inventeur fécond : au cœur du palais, le grand escalier ovale, l'un des premiers construits autour d'un vide central, est un véritable tour de force technique. Sur la façade, faute de pouvoir trouver des pierres d'une taille suffisante pour dresser des colonnes monolithes, Delorme décide de mettre en valeur les différents tronçons qui les composent en alternant cannelures et bagues décorées des symboles du gouvernement de la reine mère. Jean Bullant, son successeur, renonce en partie à ce système sur le pavillon sud, qu'il mène à bien, mais conserve l'idée de rehausser les colonnes par des ornements végétaux qui rappellent la proximité du jardin.
Les Tuileries doivent être un palais indépendant où Catherine de Médicis puisse se retirer lorsque ses enfants exerceront la plénitude du pouvoir. Cependant, la question de la liaison entre ce nouvel édifice et le palais du Louvre se pose rapidement et une petite galerie est entreprise en ce sens du côté du palais du roi.

***La Justice de Cambyse* de la façade du Louvre**
Sur l'aile sud du Louvre, les sculptures suivent le modèle créé pour Henri II par Jean Goujon, mais les thèmes sont adaptés à la personne de Charles IX (règne de 1560 à 1574), fils d'Henri II, qui avait pour devise « Suivant la piété et la justice ». Les sujets sont plus torturés et plus violents, peut-être sous l'influence des guerres civiles qui se déchaînent au même moment. Otanès est un juge perse qui rendait la justice sur un siège constitué par la peau de son père, dépecé vif sur ordre du roi Cambyse pour avoir accepté de rendre un faux jugement contre de l'argent.

Ci-contre
La bague en marbre du palais des Tuileries
Cette bague ornait l'une des colonnes du pavillon central des Tuileries. On y voit des miroirs brisés qui sont une allusion à la mort du roi Henri II, époux de Catherine de Médicis, victime d'un accident au cours d'un tournoi. Les plumes (*pennae* en latin) évoquent par un jeu de mots la « peine » de la reine mère. Les torches croisées sont un symbole de l'amour conjugal.

Ci-dessous, de haut en bas
Jacques Androuet du Cerceau, *Élévation sur jardin et sur cour des parties construites par Philibert Delorme*, vers 1570-1575
Ces deux dessins comportent une part d'idéalisation : ainsi, les innombrables statues alanguies au sommet des frontons n'ont jamais été exécutées. Toutes ces parties du palais ont été édifiées sur les dessins de Philibert Delorme et constituent une parfaite illustration de son style.

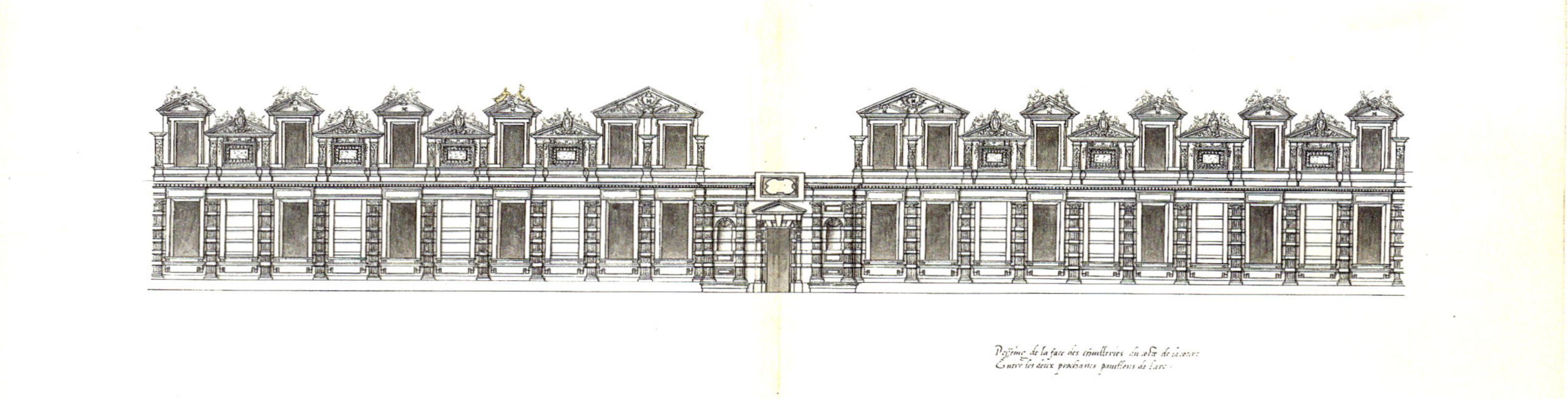

Ci-contre

L'arcade du palais des Tuileries

Conçue par Philibert Delorme, cette arcade formait une partie du portique du palais sur le jardin. L'ordre ionique, qui, d'après le théoricien antique Vitruve, avait été conçu à partir des proportions et des lignes du corps féminin, a été adopté car le commanditaire était une femme.

Ci-dessous, de haut en bas

La façade sur jardin du pavillon de Jean Bullant

Les parties basses de cette façade corrigent le dessin de Philibert Delorme : les colonnes ne sont plus coupées par des bagues et retrouvent leur élan vertical. Au-dessus, les lignes horizontales qui forment l'entablement sont continues et dépourvues de ressaut.

Jacques Androuet du Cerceau, *Vue perspective du grand projet des Tuileries*, vers 1570-1575

Cette vue est profondément trompeuse : le plan ne correspond pas strictement à l'élévation qui se trouve au-dessus et témoigne du fait que Delorme, s'il avait sans doute un grand parti général (avec la structure à trois cours), n'arrêtait définitivement les détails qu'au moment de l'exécution. Les fondations retrouvées dans les fouilles témoignent de ces hésitations et de ces repentirs.

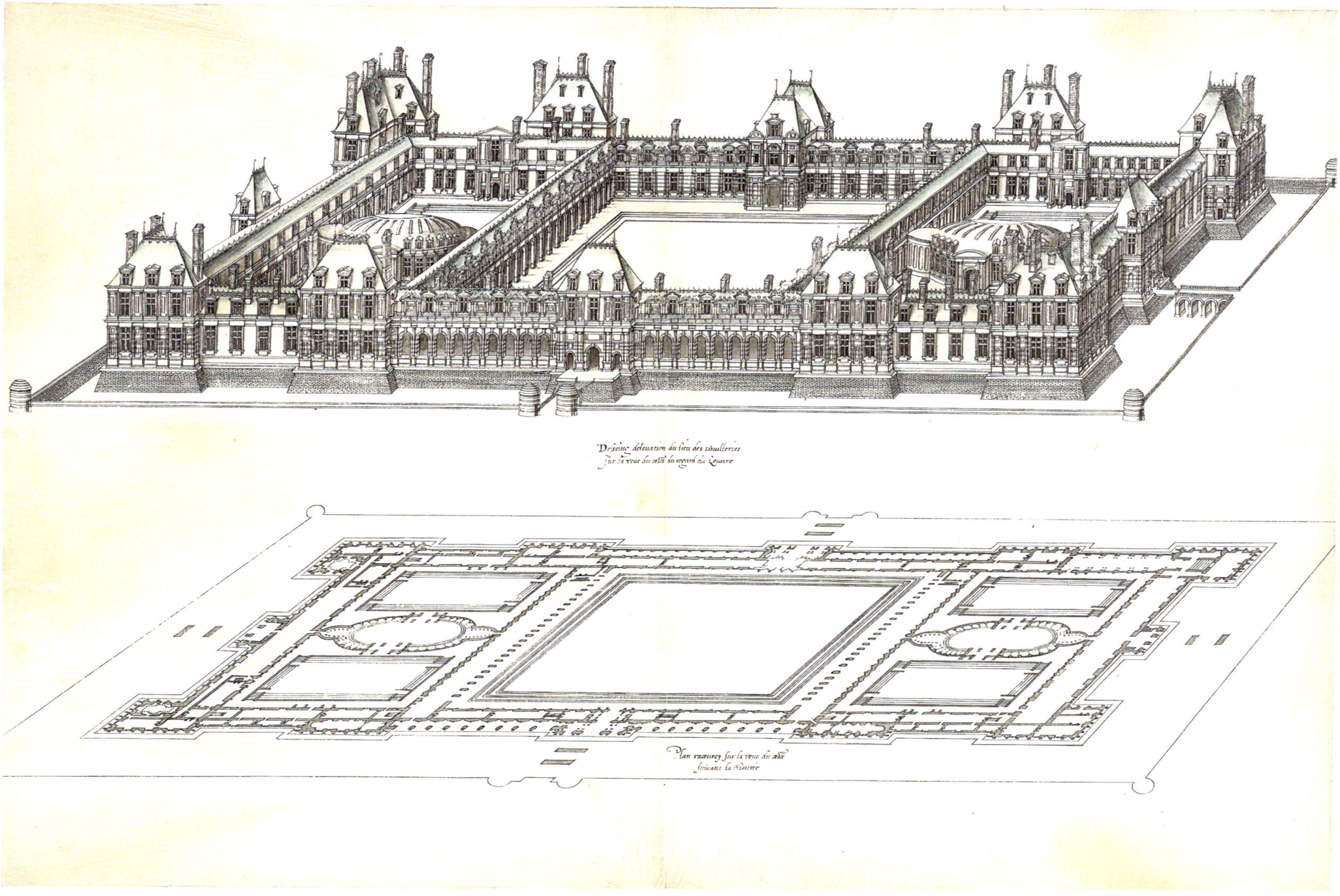

Henri IV

Henri IV, qui accède au trône après l'assassinat de son lointain cousin Henri III, se trouve face à une tâche immense : reconquérir son royaume et sa capitale (où il ne peut rentrer qu'après cinq ans de règne), mettre fin à la guerre civile, réaffirmer sa puissance à l'extérieur et asseoir la nouvelle dynastie des Bourbons, dont il est le fondateur. Son assassinat en 1610 par Ravaillac montre les limites de cette reprise en main, mais ne doit pas faire oublier ce qu'il a mené à bien. À Paris, les travaux du Louvre, d'une ampleur sans précédent par rapport à ceux de ses prédécesseurs, s'inscrivent dans un plan général d'embellissement de la capitale, avec trois places royales et la fondation d'un hôpital. L'édification entre le Louvre et les Tuileries d'une Grande Galerie de liaison de près d'un demi-kilomètre, le bâtiment le plus long jamais vu jusqu'alors dans Paris, est l'élément le plus frappant de ce vaste programme au sein du palais.

1610

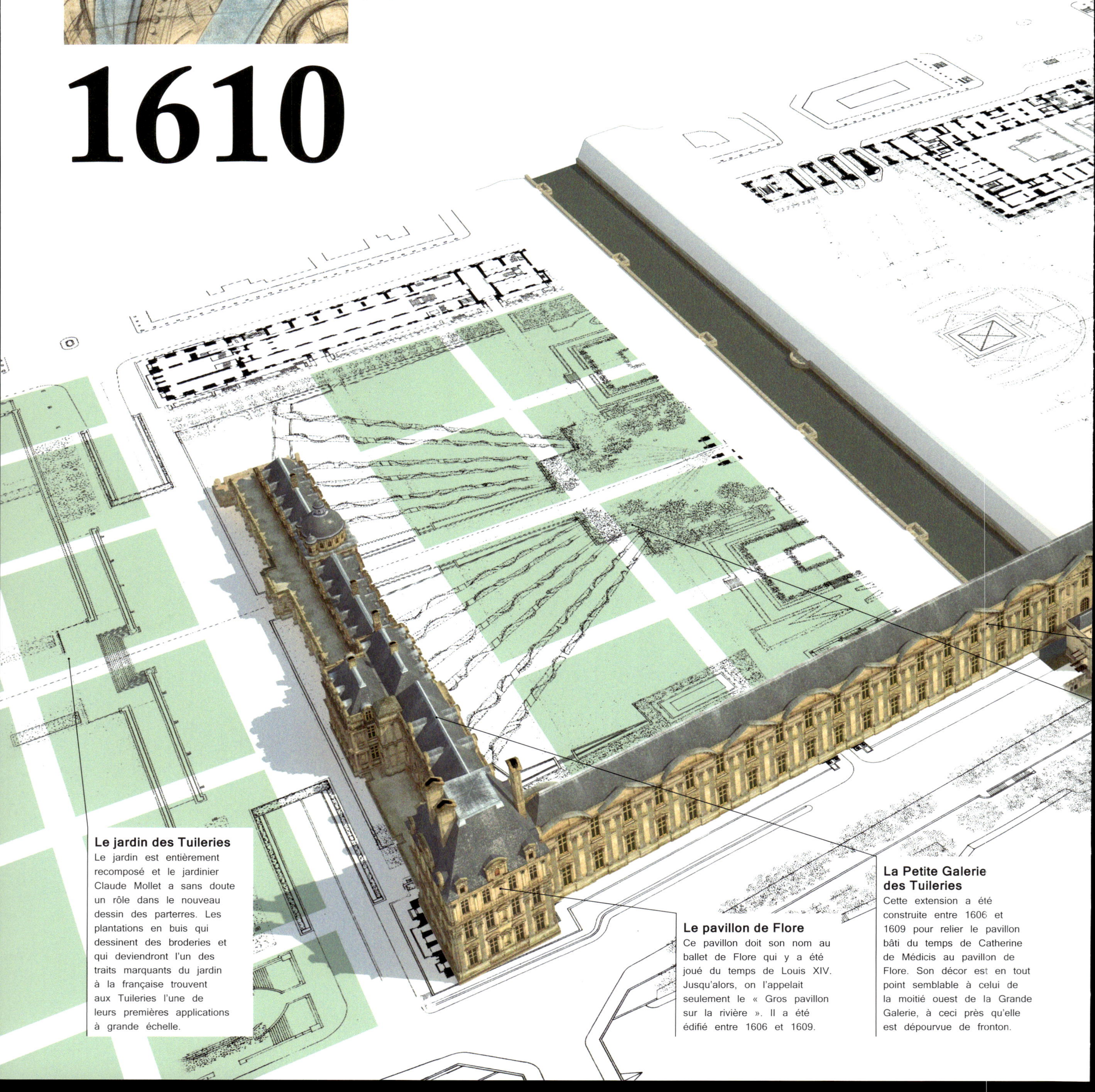

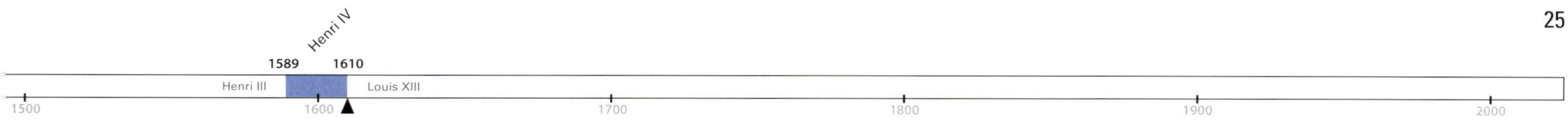

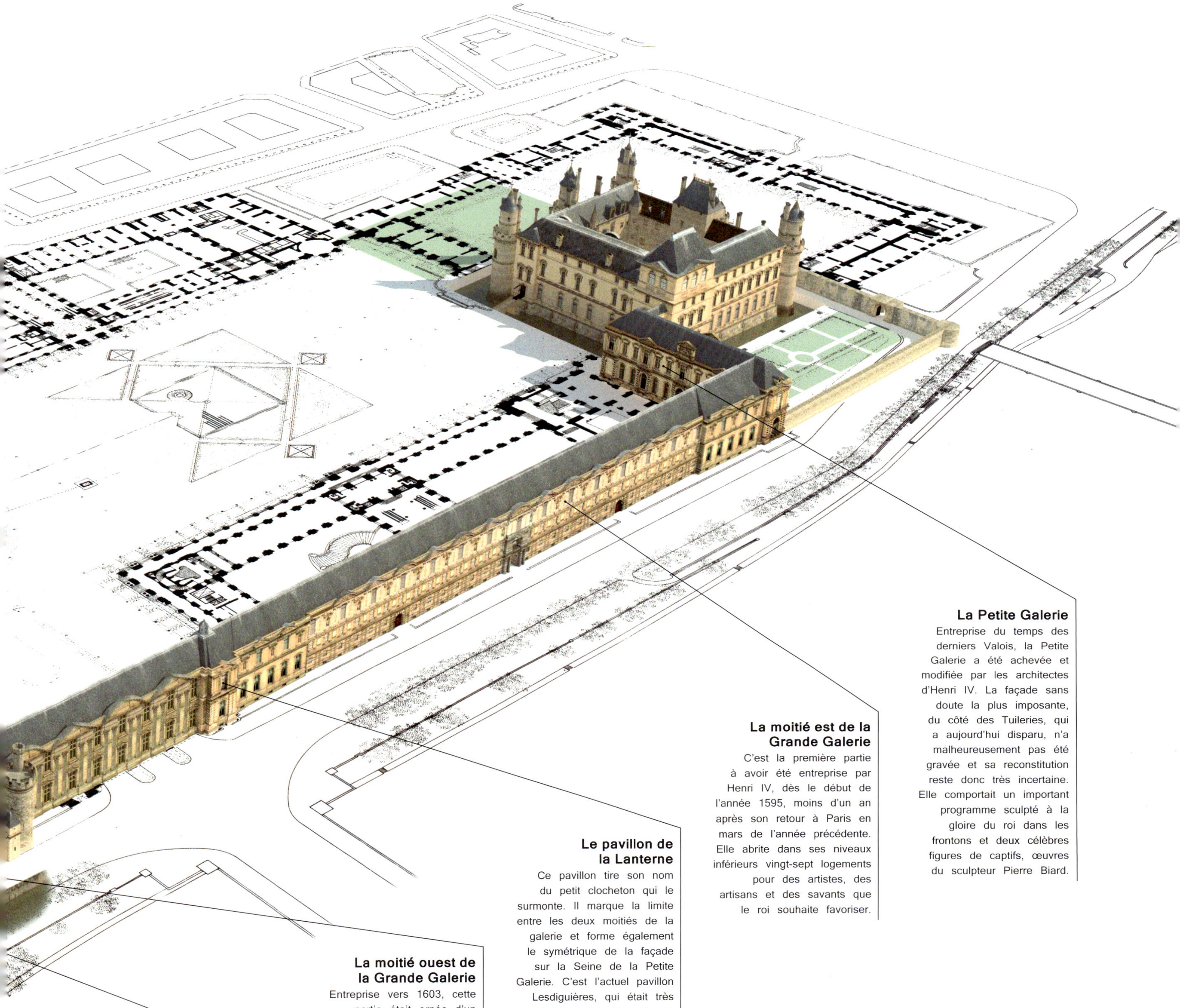

Le jardin neuf des Tuileries
Le jardin neuf est planté à l'emplacement des grandes cours projetées pour Catherine de Médicis. Il est d'abord appelé « jardin des cyprès », car ce sont ces résineux qui sont utilisés à l'état miniature pour orner les bordures et les parterres, mais l'hiver 1608 leur est fatal. Claude Mollet les remplace alors par du buis.

La moitié ouest de la Grande Galerie
Entreprise vers 1603, cette partie était ornée d'un ordre colossal, un système de pilastres cannelés qui faisaient toute la hauteur de la maçonnerie et supportaient de grands frontons. Dès le XVIIIe siècle, elle a présenté des signes d'instabilité inquiétants et a dû être étayée et renforcée, avant d'être entièrement détruite en 1861.

Le pavillon de la Lanterne
Ce pavillon tire son nom du petit clocheton qui le surmonte. Il marque la limite entre les deux moitiés de la galerie et forme également le symétrique de la façade sur la Seine de la Petite Galerie. C'est l'actuel pavillon Lesdiguières, qui était très différent du temps de sa construction car il n'abritait pas un passage à rez-de-chaussée, comme c'est le cas aujourd'hui.

La moitié est de la Grande Galerie
C'est la première partie à avoir été entreprise par Henri IV, dès le début de l'année 1595, moins d'un an après son retour à Paris en mars de l'année précédente. Elle abrite dans ses niveaux inférieurs vingt-sept logements pour des artistes, des artisans et des savants que le roi souhaite favoriser.

La Petite Galerie
Entreprise du temps des derniers Valois, la Petite Galerie a été achevée et modifiée par les architectes d'Henri IV. La façade sans doute la plus imposante, du côté des Tuileries, qui a aujourd'hui disparu, n'a malheureusement pas été gravée et sa reconstitution reste donc très incertaine. Elle comportait un important programme sculpté à la gloire du roi dans les frontons et deux célèbres figures de captifs, œuvres du sculpteur Pierre Biard.

Le Grand Dessein du premier Bourbon

Si Henri IV affirme vouloir poursuivre l'œuvre de ses prédécesseurs, il met en réalité en œuvre un « Grand Dessein » nouveau : créer à partir des bâtiments des Valois un seul et même palais, quitte à augmenter la taille du Louvre et à réduire celle des Tuileries. Les architectes d'Henri IV, qui sont censés travailler collectivement mais parmi lesquels se distinguent les personnalités de Louis Métézeau, Jacques II Androuet du Cerceau (le fils du graveur du temps de Catherine de Médicis) et Étienne Dupérac, imaginent donc de quadrupler la surface de la cour Carrée, en reproduisant en miroir l'aile ouest bâtie par Pierre Lescot. Ils abandonnent en revanche l'idée d'un grand palais des Tuileries à cours multiples et réduisent la demeure de Catherine de Médicis à la seule aile déjà entreprise, qui devient une dépendance du Louvre au milieu de jardins. La réalisation du Grand Dessein va devenir après Henri IV un objectif que tous les régimes successifs vont s'employer à atteindre.

Il faut treize ans pour édifier la Grande Galerie, qui permet au roi de se rendre sans changer de niveau depuis ses appartements du premier étage du Louvre à ceux des Tuileries. Ce corridor royal, qui occupe tout le dernier étage du bâtiment auquel il donne son nom, sert aussi de promenade par temps couvert, de lieu de récréation pour le jeune dauphin, le futur Louis XIII, et de cadre aux cérémonies où le roi procède à des guérisons par imposition des mains. Les étages inférieurs abritent des fonctions très disparates : du côté du Louvre il y a vingt-sept logements et ateliers pour des artistes et des artisans, lesquels échappent ainsi au système des corporations de métier qui régissent Paris ; du côté des Tuileries se trouvent les écuries du Roi.

La Grande Galerie d'Henri IV présentait deux façades très différentes du côté du Louvre et du côté des Tuileries (cette dernière ayant été abattue et reconstruite suivant un nouveau dessin sous le Second Empire). Cette situation a suscité bien des hypothèses : existence d'un édifice préexistant réintégré dans la nouvelle construction ? conflit entre deux architectes qui se seraient finalement réparti le chantier ? En réalité, deux phénomènes ont joué un rôle déterminant : d'une part, les dénivelés entre le Louvre et les Tuileries ne permettaient pas d'obtenir une façade uniforme ; d'autre part, la galerie ayant progressé du Louvre vers les Tuileries, le dessein de la première partie a dû être fixé très vite alors que l'on a continué à réfléchir et à améliorer le projet du côté des Tuileries.

Le décor du palais devait magnifier le roi et son action, suivant en cela les formules inventées pour Henri II, mais avec plus de grâce et moins de cohérence, en particulier dans les décors intérieurs, qui ont malheureusement tous disparu. Dans la Petite Galerie, détruite dans un incendie en 1661, le roi prêtait ses traits à Dieu le Père et à Jupiter sur la voûte, œuvre de Toussaint Dubreuil. Il apparaissait enfin sur les murs, peint par Jacob Bunel et entouré des grands de sa cour dans une longue galerie de portraits où figuraient ses principaux prédécesseurs.

Les trophées en clef de la Grande Galerie
Parmi les éléments décoratifs originaux de la Grande Galerie, on trouve ces pierres sculptées avec des cuirasses et des armes antiques. Sur les boucliers, on peut lire les initiales HDB, pour Henri de Bourbon (famille à laquelle appartenait Henri IV), et aussi HG, association entre le prénom du roi et celui de sa maîtresse, Gabrielle d'Estrées, qu'il s'apprêtait à épouser lorsqu'elle est morte en couches en 1599. Des anneaux de mariage confirment cette promesse.

Ci-dessus en haut
Abraham De Verwer, *Les Tuileries*, 1637-1639
Henri IV a profondément changé la silhouette des Tuileries, qui ont été allongées vers la rivière pour atteindre la Grande Galerie. Le contraste entre les graciles constructions de Catherine de Médicis et les massives adjonctions d'Henri IV à l'extrémité droite est très frappant. Le roi n'a pas eu le temps de faire le symétrique du côté nord, d'où la position étrange, vers la gauche, du pavillon à dôme surmonté par un clocheton, qui aurait dû se situer au centre de la façade.

Ci-contre
Jean Marot, *Façade de la Petite Galerie*, vers 1655-1659
Le rez-de-chaussée de la Petite Galerie, entrepris du temps des derniers Valois et mutilé sur ordre d'Henri III, a été terminé conformément au projet d'origine. Les architectes d'Henri IV sont en revanche les auteurs du premier étage avec ses pilastres composites et ses lucarnes. Tous les niveaux supérieurs ont été détruits lors d'un incendie survenu en 1661.

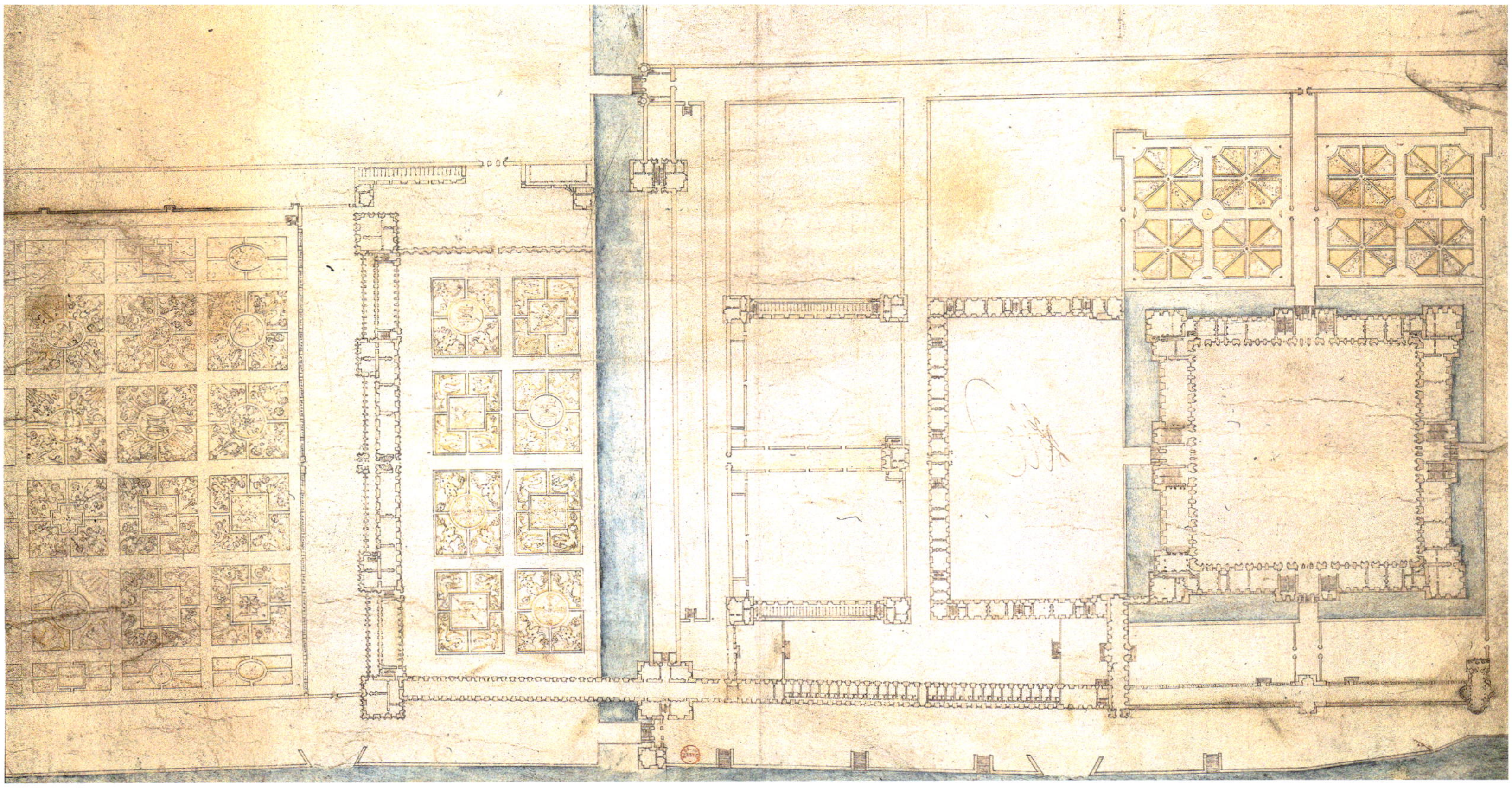

En haut, à gauche

Édouard Baldus, *Le pavillon de Flore*, 1861

Le pavillon est représenté ici dans l'état où il se trouvait dans les semaines qui ont précédé sa démolition en 1861. Les fenêtres ouvertes et dépourvues de rideaux montrent que l'intérieur a déjà été entièrement vidé. Le pavillon avait été achevé par Henri IV mais avait fait ensuite l'objet de nombreuses transformations : ainsi, les chapiteaux des pilastres avaient sans doute été sculptés sous Louis XIV. Quant à la lucarne double et aux hautes cheminées, elles avaient été refaites après un incendie survenu en 1787, selon un modèle qui devait également remonter à Louis XIV, comme en témoigne le grand soleil que l'on peut voir sur la souche de gauche.

En haut, à droite

La porte Barbet de Jouy

Cette porte, dont le nom rend hommage à un conservateur du musée du Louvre, forme l'axe de la partie de la Grande Galerie située du côté du Louvre. Avec ses colonnes baguées, elle témoigne de l'influence exercée par Philibert Delorme sur les architectes d'Henri IV. Le grand balcon en saillie qui s'avance au-dessus a exigé de savants calculs tant pour la taille que pour la pose des pierres. L'attique et le fronton au niveau du toit ont été ajoutés entre 1849 et 1853 par l'architecte Félix Duban.

Ci-dessus

Le premier plan d'achèvement du Louvre, vers 1595

Ce plan sur parchemin est le plus ancien dessin conservé à avoir été tracé par les architectes responsables du Louvre. Il montre le principe du Grand Dessein, mais avec de nombreuses approximations. Ainsi, dans la réalité, le Louvre et les Tuileries ne sont pas parallèles, et sur le plan la distance entre les deux édifices est inexacte. C'est la première fois, cependant, que l'on voit apparaître la grande cour Carrée du Louvre, où les ailes sont deux fois plus longues que celles que Lescot avait bâties. Par ailleurs, les Tuileries ne sont plus un palais autonome, mais une vaste dépendance, privée de dégagements de services et encadrée par des jardins. L'idée de détruire les maisons situées entre le Louvre et les Tuileries n'était guère réaliste. Si la Grande Galerie a d'ailleurs été construite le long de la Seine, c'était pour éviter d'avoir à acquérir toutes ces propriétés, ce qui aurait été très coûteux en temps comme en argent.

1200 1300 1400

Louis XIII

Pris entre le geste de refondation d'Henri IV et le triomphe solaire de Louis XIV, le règne de Louis XIII (1610-1643) paraît en demi-teinte : le roi doit d'abord s'émanciper de la régence de sa mère, Marie de Médicis, puis lutter contre les protestants et l'insoumission chronique des grands du royaume, et enfin faire face à la Guerre de Trente ans sur sa frontière est. En dépit de l'intérêt personnel du roi, qui tente de relancer le Grand Dessein du Louvre en 1624 puis en 1639, la situation financière et politique ne permet guère de résultats tangibles. Son architecte, Jacques Lemercier, a cependant le temps d'élever le grand pavillon central de l'une des ailes de la cour Carrée. Les Tuileries restent également inachevées et servent à héberger la nièce du roi, la Grande Mademoiselle, riche et turbulente héritière.

1643

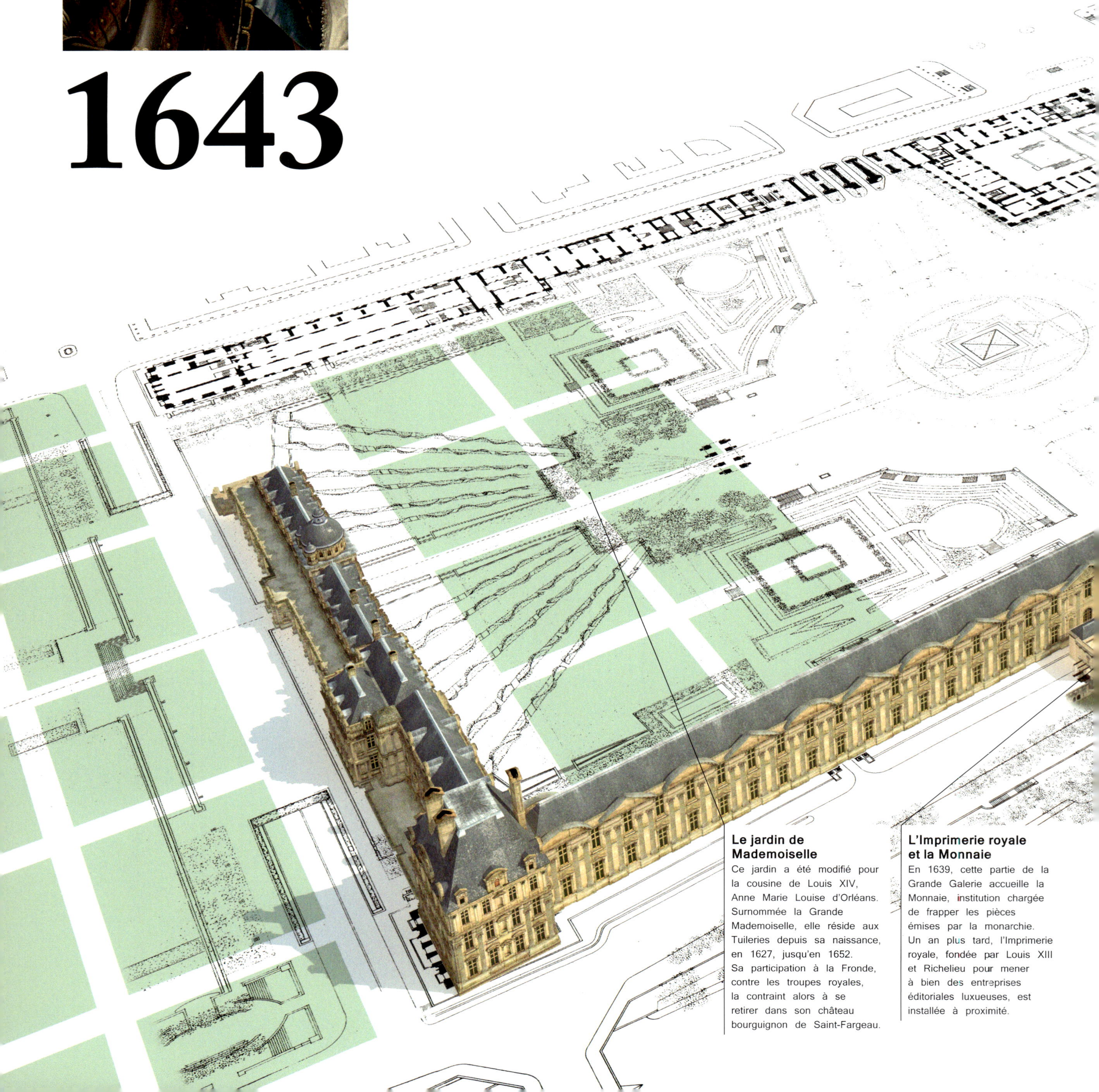

Le jardin de Mademoiselle
Ce jardin a été modifié pour la cousine de Louis XIV, Anne Marie Louise d'Orléans. Surnommée la Grande Mademoiselle, elle réside aux Tuileries depuis sa naissance, en 1627, jusqu'en 1652. Sa participation à la Fronde, contre les troupes royales, la contraint alors à se retirer dans son château bourguignon de Saint-Fargeau.

L'Imprimerie royale et la Monnaie
En 1639, cette partie de la Grande Galerie accueille la Monnaie, institution chargée de frapper les pièces émises par la monarchie. Un an plus tard, l'Imprimerie royale, fondée par Louis XIII et Richelieu pour mener à bien des entreprises éditoriales luxueuses, est installée à proximité.

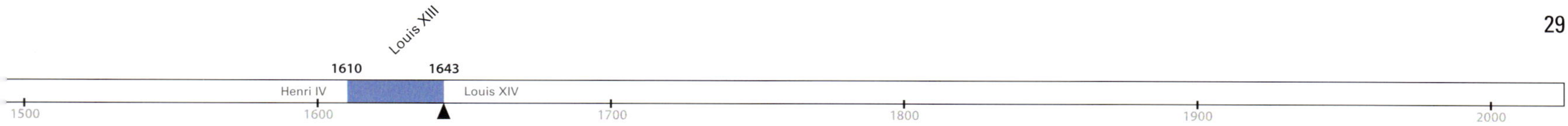

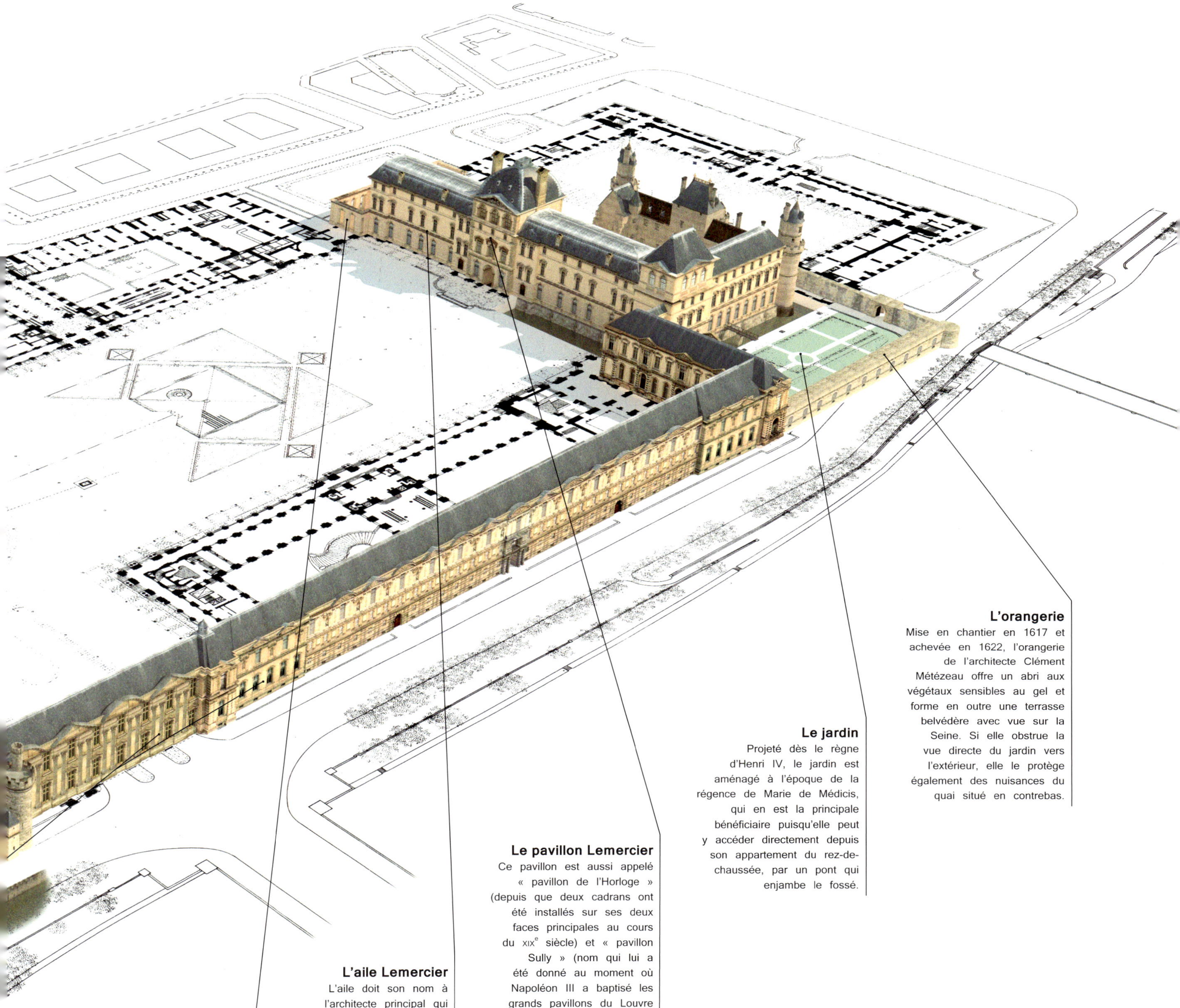

L'orangerie

Mise en chantier en 1617 et achevée en 1622, l'orangerie de l'architecte Clément Métézeau offre un abri aux végétaux sensibles au gel et forme en outre une terrasse belvédère avec vue sur la Seine. Si elle obstrue la vue directe du jardin vers l'extérieur, elle le protège également des nuisances du quai situé en contrebas.

Le jardin

Projeté dès le règne d'Henri IV, le jardin est aménagé à l'époque de la régence de Marie de Médicis, qui en est la principale bénéficiaire puisqu'elle peut y accéder directement depuis son appartement du rez-de-chaussée, par un pont qui enjambe le fossé.

Le pavillon Lemercier

Ce pavillon est aussi appelé « pavillon de l'Horloge » (depuis que deux cadrans ont été installés sur ses deux faces principales au cours du XIXe siècle) et « pavillon Sully » (nom qui lui a été donné au moment où Napoléon III a baptisé les grands pavillons du Louvre en hommage à de grands hommes d'État français). Il est l'apport majeur du règne de Louis XIII et constitue encore aujourd'hui le point le plus élevé du Louvre.

L'aile Lemercier

L'aile doit son nom à l'architecte principal qui en a supervisé l'exécution entre 1639 et 1642. Elle est bâtie sur des fondations entreprises une quinzaine d'années auparavant par un autre architecte, Clément Métézeau, et reprend fidèlement, pour l'extérieur, l'aile bâtie par Pierre Lescot à la Renaissance.

Le pavillon de Beauvais

Le pavillon d'angle tire son nom de la rue de Beauvais voisine, aujourd'hui disparue. Il est resté inachevé au moment de l'interruption du chantier en 1642.

Le Louvre inabouti de Louis XIII

Une moitié d'aile et un pavillon, voilà le bilan des constructions de Louis XIII. Cependant, derrière ce constat décevant, se cache une profonde transformation. Avec le pavillon de l'Horloge, les architectes trouvent enfin des formules monumentales adaptées au changement d'échelle de la cour Carrée voulu du temps d'Henri IV. Nicolas Poussin, peintre français qui a adopté l'Italie, est sollicité pour décorer le passage royal au dernier étage de la Grande Galerie. Sa venue ouvre la porte aux nouveautés créées à Rome et à Florence dans le domaine du décor intérieur. Les chefs-d'œuvre du temps de Louis XIV n'auraient sans doute pas vu le jour sans le laboratoire de l'époque de Louis XIII.

Le temps de Marie de Médicis et de Louis XIII est d'abord celui des petits aménagements effectués dans la grande coquille laissée par les Valois et Henri IV. La reine mère fait transformer l'appartement du rez-de-chaussée et se donne un jardin logé entre le palais et la Seine. En 1638, Louis XIII ordonne que l'on remplace le plafond à poutres et solives de la salle de bal, qui s'était affaissé, par une voûte que Jacques Lemercier glisse habilement dans les maçonneries existantes.

Dans le cadre du Grand Dessein, Louis XIII veut mettre en œuvre l'agrandissement de la cour Carrée voulu du temps de son père, mais il ne parvient à mener à bien que l'aile ouest. Le symétrique de l'aile de Pierre Lescot est lancé en 1624 par Clément Métézeau, mais interrompu au niveau du rez-de-chaussée dès 1626. Il n'est repris et terminé qu'une quinzaine d'années plus tard par Jacques Lemercier, qui est aussi l'architecte du cardinal de Richelieu, le principal ministre du Roi. C'est Sublet des Noyers, ministre des Arts du Roi de 1638 à 1643, qui est l'artisan de cette seconde campagne. Pour le pavillon qui doit faire le lien au centre de l'aile, il faut innover pour rivaliser en hauteur avec le pavillon du Roi, tout en prévoyant une décoration plus riche. Au rez-de-chaussée, Jacques Lemercier dessine un vaste « vestibule », un passage couvert porté par des files de colonnes, inspiré du modèle du palais Farnèse à Rome. Le dôme sur plan carré reprend, mais à une échelle sans précédent, une composition mise au point à la fin du XVIe siècle et apparaît comme la métaphore du donjon disparu du château médiéval.

Les cariatides du pavillon de Lemercier
La présence des cariatides, conçues par Jacques Sarazin, résout un problème de nature théorique : les colonnes les plus riches, celles de l'ordre composite, ayant déjà été employées au premier étage, il fallait trouver un autre type d'ornement pour le dernier niveau du pavillon. Ces sculptures monumentales, engagées dans un échange éloquent de regards et de gestes, sont en totale rupture avec les figures hiératiques imaginées par Pierre Lescot et Jean Goujon à la Renaissance.

Ci-dessus
La salle des Cariatides
Les poutres de longue portée du plafond, trop fragiles, avaient dû être étayées dès le règne d'Henri IV. Elles sont remplacées en 1638 par une voûte conçue par Jacques Lemercier qui doit s'adapter aux maçonneries existantes, d'où le profil surbaissé en anse de panier et les piliers adossés aux murs, mais habilement dissimulés par des colonnes. Une partie du décor sculpté en bas relief a été menée à bien au début du XIXe siècle.

Ci-contre
Louis Nicolas Van Blarenberghe, *Le décor de la Grande Galerie*, vers 1770-1771
Cette minuscule miniature, qui orne une tabatière de la fin du XVIIIe siècle, est le seul témoignage conservé du décor entrepris par Nicolas Poussin. Resté inachevé après le retour de l'artiste à Rome, celui-ci a en effet été détruit peu avant la Révolution. L'histoire d'Hercule devait être racontée sur des bas-reliefs feints et des disques peints imitant le bronze. Des moulages effectués à Rome sur de grands monuments antiques, la colonne Trajane et l'arc de Constantin, devaient compléter l'ensemble. Poussin propose un type de décor nouveau pour Paris, très structuré, où les références antiques sont nombreuses et où les reliefs de stuc, jusqu'alors très utilisés, sont employés avec parcimonie.

Ci-contre
Le pavillon de Lemercier
Ce beau dessin de Lemercier montre le pavillon tel que l'architecte l'avait imaginé : au premier étage, la grande baie est aujourd'hui fermée par une menuiserie, alors qu'elle formait à l'origine un balcon triomphal ouvert sur la cour. Au-dessus, la fenêtre centrale devait être occultée par un grand bas-relief, représentant sans doute la France ou la Monarchie sous les traits d'une figure féminine, mais qui n'a jamais été exécuté.

Ci-dessous
Jacques Gomboust, *Le Louvre et les Tuileries*, 1652
Cette vue est tirée du grand plan de Paris de Jacques Gomboust, qui a dessiné les élévations de tous les grands monuments de Paris. Il s'agit du seul document à montrer la façade du côté des Tuileries de la Petite Galerie, masquée sous Louis XIV (en bas à droite). Les bâtiments en U juste à gauche sont ceux de la cour des Cuisines rebâtie du temps de François Ier. Le contraste entre la nouvelle aile de la cour Carrée et les vieux bâtiments médiévaux du côté du Petit-Bourbon est nettement perceptible.

En bas
Israël Silvestre, *Le jardin de la Reine*, vers 1650-1655
Si cette vue révèle l'état du jardin au début du règne de Louis XIV, elle restitue assez bien l'ambiance du temps de Marie de Médicis. Au centre, le bassin circulaire était orné d'une sculpture en bronze, œuvre de l'Italien Francesco Bordoni. À l'arrière-plan, la façade du Louvre montre le grand pavillon du Roi (à gauche) et la tour du château médiéval (à droite), conservée en attendant la reprise du Grand Dessein.

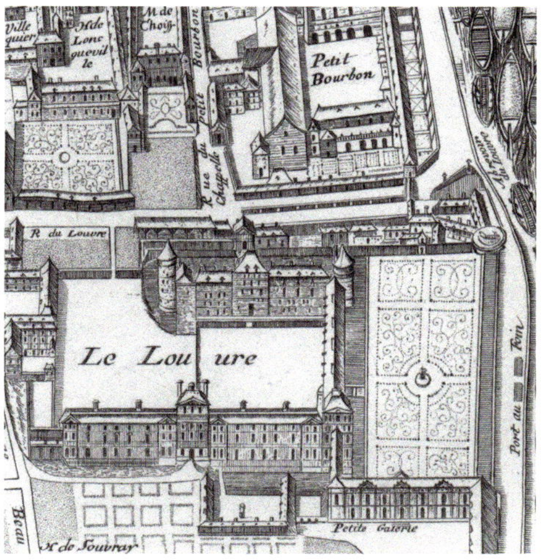

Louis XIV

L'identification de Louis XIV avec Versailles ne doit pas faire oublier qu'au début de son règne, entre 1652 et 1671, c'est au Louvre et aux Tuileries, centre de ses préoccupations, que le souverain avait installé sa résidence principale. Le jeune roi suit alors les conseils et la politique de son mentor Mazarin, puis de son ministre des Arts, Colbert. Ce n'est qu'à partir des années 1670 qu'il montre les premiers signes d'un désintérêt. Le bilan du règne de Louis XIV est immense et le Roi-Soleil est avec Napoléon III le plus grand bâtisseur du Louvre. Il achève les Tuileries et fait élever toutes les maçonneries de la cour Carrée. Son règne est aussi un moment de réflexions foisonnantes qui expliquent en partie l'inachèvement final du Louvre : de 1659 à 1668, quatre grands projets ont été entrepris successivement avant d'être brutalement interrompus.

1715

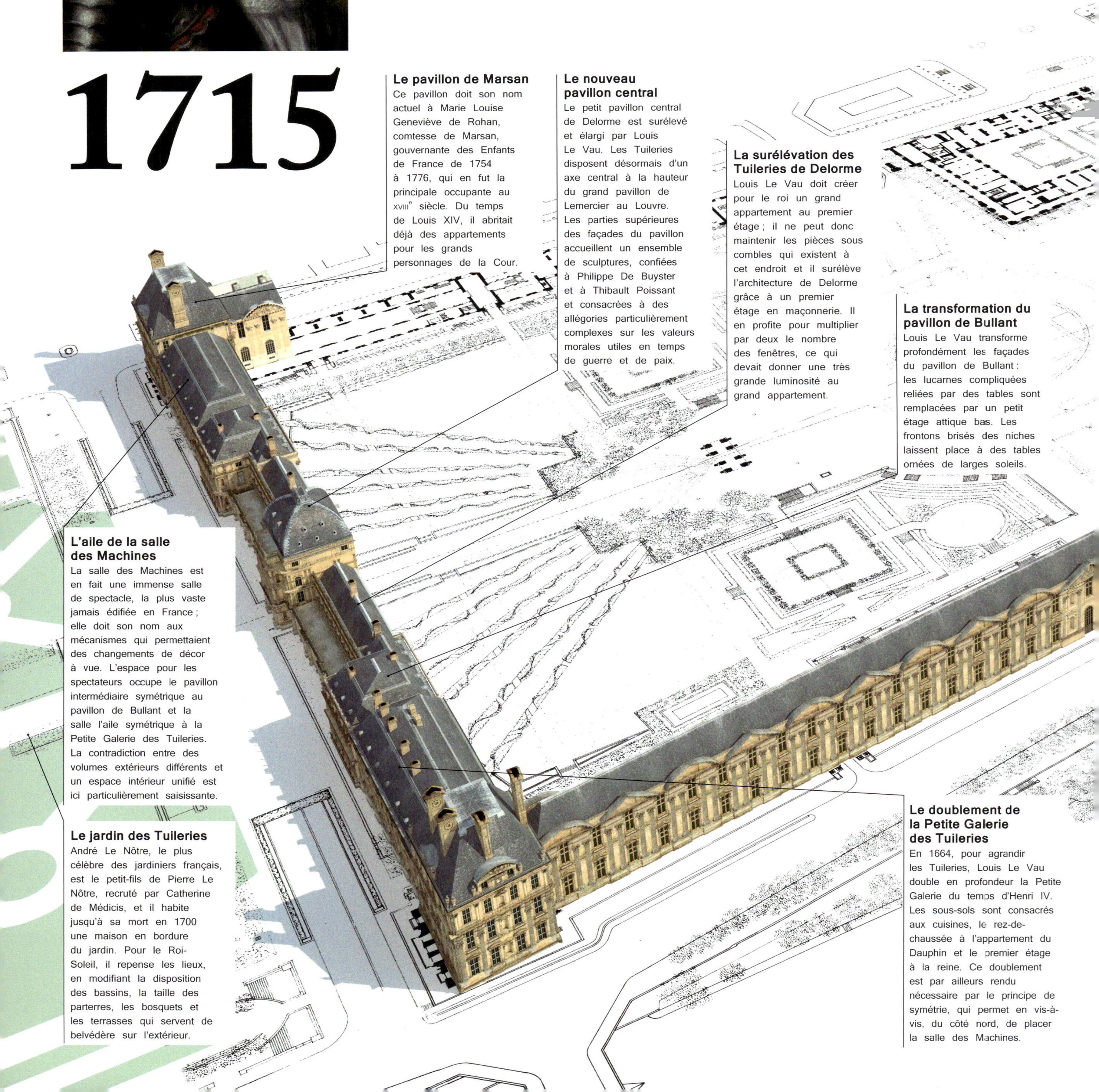

Le pavillon de Marsan

Ce pavillon doit son nom actuel à Marie Louise Geneviève de Rohan, comtesse de Marsan, gouvernante des Enfants de France de 1754 à 1776, qui en fut la principale occupante au XVIIIe siècle. Du temps de Louis XIV, il abritait déjà des appartements pour les grands personnages de la Cour.

Le nouveau pavillon central

Le petit pavillon central de Delorme est surélevé et élargi par Louis Le Vau. Les Tuileries disposent désormais d'un axe central à la hauteur du grand pavillon de Lemercier au Louvre. Les parties supérieures des façades du pavillon accueillent un ensemble de sculptures, confiées à Philippe De Buyster et à Thibault Poissant et consacrées à des allégories particulièrement complexes sur les valeurs morales utiles en temps de guerre et de paix.

La surélévation des Tuileries de Delorme

Louis Le Vau doit créer pour le roi un grand appartement au premier étage ; il ne peut donc maintenir les pièces sous combles qui existent à cet endroit et il surélève l'architecture de Delorme grâce à un premier étage en maçonnerie. Il en profite pour multiplier par deux le nombre des fenêtres, ce qui devait donner une très grande luminosité au grand appartement.

La transformation du pavillon de Bullant

Louis Le Vau transforme profondément les façades du pavillon de Bullant : les lucarnes compliquées reliées par des tables sont remplacées par un petit étage attique bas. Les frontons brisés des niches laissent place à des tables ornées de larges soleils.

L'aile de la salle des Machines

La salle des Machines est en fait une immense salle de spectacle, la plus vaste jamais édifiée en France ; elle doit son nom aux mécanismes qui permettaient des changements de décor à vue. L'espace pour les spectateurs occupe le pavillon intermédiaire symétrique au pavillon de Bullant et la salle l'aile symétrique à la Petite Galerie des Tuileries. La contradiction entre des volumes extérieurs différents et un espace intérieur unifié est ici particulièrement saisissante.

Le jardin des Tuileries

André Le Nôtre, le plus célèbre des jardiniers français, est le petit-fils de Pierre Le Nôtre, recruté par Catherine de Médicis, et il habite jusqu'à sa mort en 1700 une maison en bordure du jardin. Pour le Roi-Soleil, il repense les lieux, en modifiant la disposition des bassins, la taille des parterres, les bosquets et les terrasses qui servent de belvédère sur l'extérieur.

Le doublement de la Petite Galerie des Tuileries

En 1664, pour agrandir les Tuileries, Louis Le Vau double en profondeur la Petite Galerie du temps d'Henri IV. Les sous-sols sont consacrés aux cuisines, le rez-de-chaussée à l'appartement du Dauphin et le premier étage à la reine. Ce doublement est par ailleurs rendu nécessaire par le principe de symétrie, qui permet en vis-à-vis, du côté nord, de placer la salle des Machines.

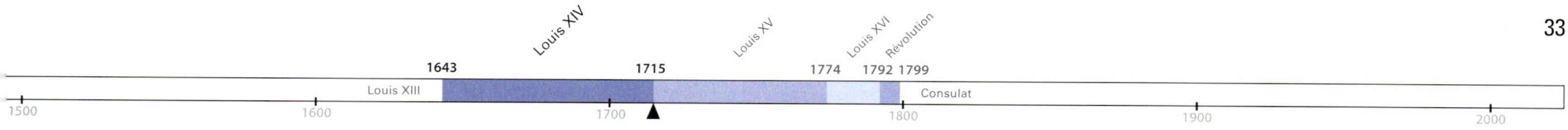

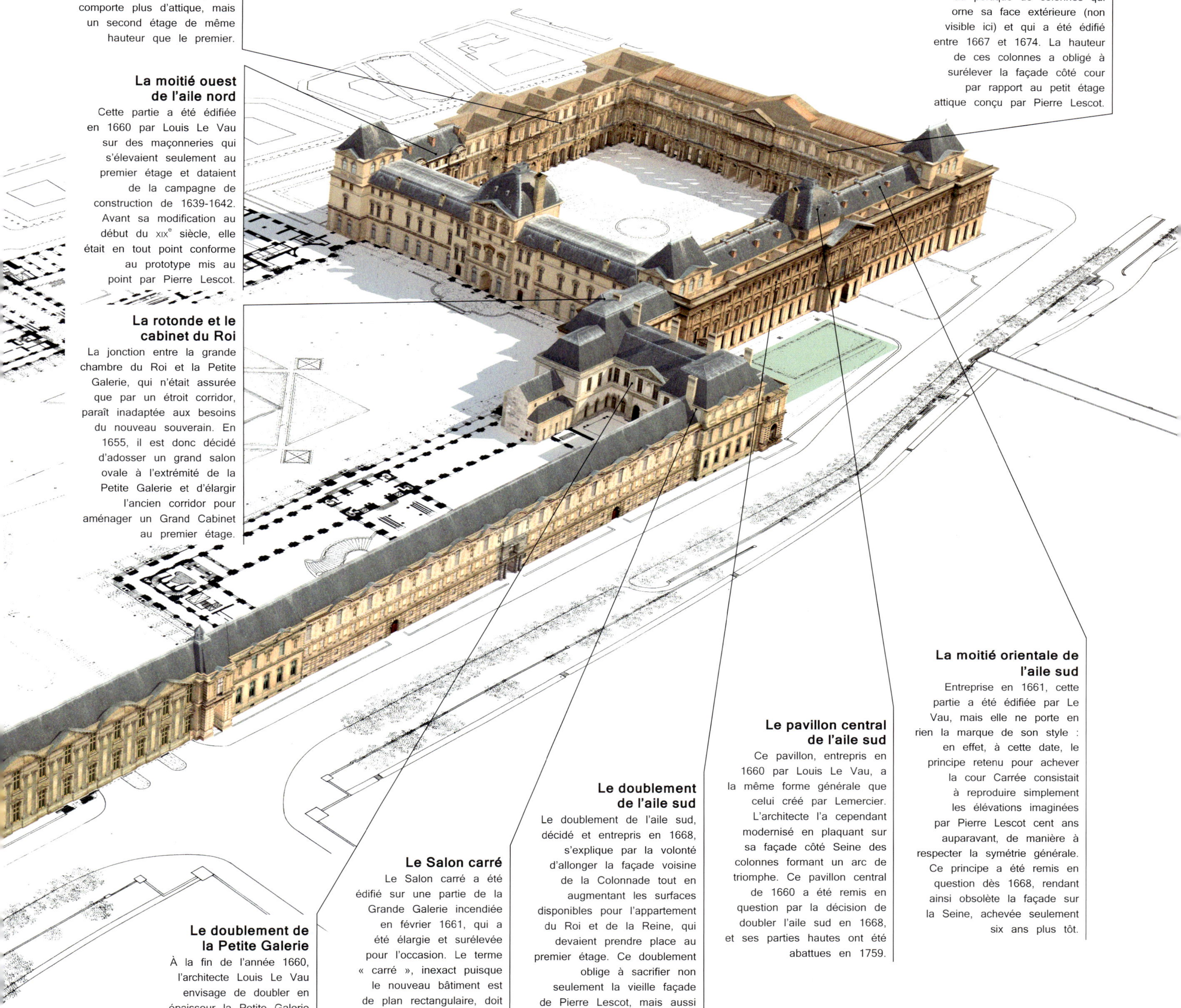

La moitié est de l'aile nord
Cette partie, édifiée après 1667, intègre certaines des nouveautés induites par le projet voisin de la Colonnade, en particulier au dernier niveau, qui ne comporte plus d'attique, mais un second étage de même hauteur que le premier.

La moitié ouest de l'aile nord
Cette partie a été édifiée en 1660 par Louis Le Vau sur des maçonneries qui s'élevaient seulement au premier étage et dataient de la campagne de construction de 1639-1642. Avant sa modification au début du XIXe siècle, elle était en tout point conforme au prototype mis au point par Pierre Lescot.

La rotonde et le cabinet du Roi
La jonction entre la grande chambre du Roi et la Petite Galerie, qui n'était assurée que par un étroit corridor, paraît inadaptée aux besoins du nouveau souverain. En 1655, il est donc décidé d'adosser un grand salon ovale à l'extrémité de la Petite Galerie et d'élargir l'ancien corridor pour aménager un Grand Cabinet au premier étage.

L'aile de la Colonnade
Cette aile était la plus importante aux yeux des hommes du XVIIe siècle car elle formait l'entrée du Louvre. Aussi a-t-elle donné lieu à de nombreuses propositions. Elle doit son nom au portique de colonnes qui orne sa face extérieure (non visible ici) et qui a été édifié entre 1667 et 1674. La hauteur de ces colonnes a obligé à surélever la façade côté cour par rapport au petit étage attique conçu par Pierre Lescot.

La moitié orientale de l'aile sud
Entreprise en 1661, cette partie a été édifiée par Le Vau, mais elle ne porte en rien la marque de son style : en effet, à cette date, le principe retenu pour achever la cour Carrée consistait à reproduire simplement les élévations imaginées par Pierre Lescot cent ans auparavant, de manière à respecter la symétrie générale. Ce principe a été remis en question dès 1668, rendant ainsi obsolète la façade sur la Seine, achevée seulement six ans plus tôt.

Le pavillon central de l'aile sud
Ce pavillon, entrepris en 1660 par Louis Le Vau, a la même forme générale que celui créé par Lemercier. L'architecte l'a cependant modernisé en plaquant sur sa façade côté Seine des colonnes formant un arc de triomphe. Ce pavillon central de 1660 a été remis en question par la décision de doubler l'aile sud en 1668, et ses parties hautes ont été abattues en 1759.

Le doublement de l'aile sud
Le doublement de l'aile sud, décidé et entrepris en 1668, s'explique par la volonté d'allonger la façade voisine de la Colonnade tout en augmentant les surfaces disponibles pour l'appartement du Roi et de la Reine, qui devaient prendre place au premier étage. Ce doublement oblige à sacrifier non seulement la vieille façade de Pierre Lescot, mais aussi celle que Louis Le Vau vient de bâtir sept ans auparavant. En réalité, en raison de l'arrêt des travaux, les vieilles maçonneries vont subsister jusqu'au début du XIXe siècle, cachées au centre de l'aile.

Le Salon carré
Le Salon carré a été édifié sur une partie de la Grande Galerie incendiée en février 1661, qui a été élargie et surélevée pour l'occasion. Le terme « carré », inexact puisque le nouveau bâtiment est de plan rectangulaire, doit se comprendre comme l'équivalent d'« orthogonal », par opposition au Salon ovale aménagé de l'autre côté de la Petite Galerie.

Le doublement de la Petite Galerie
À la fin de l'année 1660, l'architecte Louis Le Vau envisage de doubler en épaisseur la Petite Galerie d'Henri IV et de créer une cour sur le côté ouest en élevant un grand pavillon côté nord. En février 1661, un incendie lui permet de revoir son projet plus librement et d'agrandir certains espaces. Une importante partie des nouveaux bâtiments devait être consacrée à la présentation des collections d'antiques, de livres, de tableaux et d'armes du souverain.

Le Louvre, un palais « pour un roi d'aujourd'hui »

Déserté durant la régence de la mère de Louis XIV, Anne d'Autriche (1643-1651), le Louvre redevient la résidence de la Cour dès la majorité du roi et la fin de la Fronde, vaste mouvement de contestation du pouvoir royal par les nobles et le Parlement. Jusqu'à la mort du cardinal Mazarin, en 1661, le parti adopté est clair : il faut terminer la cour Carrée en suivant le modèle de Lemercier et rehausser les intérieurs d'un riche décor italianisant. La situation se brouille avec Colbert, qui, après avoir été tenté par l'appel à des artistes italiens, entend finalement promouvoir un art français qui est en partie à inventer.

Les premiers travaux menés entre 1652 et 1659 consistent à donner de l'espace au roi en élargissant la Petite Galerie et les bâtiments situés à proximité du pavillon du Roi. Anne d'Autriche, qui habite en dessous, profite également de ces travaux et se fait aménager dans la Petite Galerie un second appartement, dit « d'été » car il est privé de cheminées. C'est un moment de grande créativité dans le décor des plafonds. Le plafond de menuiserie, qui laisse une petite place à la peinture, est encore mis en œuvre dans l'appartement du Roi en 1654, avant que les expériences italiennes ne viennent proposer une alliance originale entre le stuc en relief et la peinture, laquelle bénéficie dorénavant de vastes surfaces.

Mais la grande affaire du règne est l'achèvement de la cour Carrée et en particulier de l'aile orientale, qui doit former la principale entrée du Louvre. Dès la mort de Mazarin, l'architecte Louis Le Vau propose de rompre avec le schéma rigoureux de Lemercier pour créer un manifeste moderne autour d'une immense rotonde ovale à ciel ouvert destinée à servir de vestibule monumental au palais. Pour le contrer, Colbert organise un concours international qui est aussi une véritable vitrine diplomatique de la monarchie. Sélectionné pour supplanter Le Vau, Gian Lorenzo Bernini, l'artiste du pape, propose de rebâtir ou de refaçader tout le Louvre de façon à en faire un palais « pour un roi d'aujourd'hui ». En dépit d'un séjour de près de quatre mois à Paris en 1665, il ne parvient pas à imposer ses idées… qui vont néanmoins inspirer le projet final, entrepris par un conseil d'artistes comprenant Louis Le Vau, le Premier peintre Charles Le Brun et l'intellectuel Claude Perrault, frère de Charles, l'auteur des Contes, qui est aussi le premier commis de Colbert. Ensemble, ils conçoivent le grand décor de la Colonnade, un portique de colonnes placé au premier étage côté ville. Ce motif, qui ne devait être en 1667 qu'un ornement destiné à rehausser la façade d'entrée du palais, devient au fur et à mesure du chantier l'élément générateur du projet, obligeant à de profondes modifications dans des parties déjà bâties et parfois tout juste achevées : l'ordre sur soubassement envahit les pavillons d'angle et, sous forme de pilastres, la façade du côté de la rivière. L'aile existante de ce côté, qui venait tout juste d'être achevée par Le Vau, est doublée en épaisseur pour accroître la surface des appartements du Roi et de la Reine. Le Grand Dessein des rois est enrichi d'un programme de constructions grandiose entre le Louvre et les Tuileries, mais seules les acquisitions de terrains nécessaires à cette extension sont finalement menées à bien. L'essentiel des maçonneries de la cour Carrée est achevé à partir de 1673, mais les travaux ne vont pas plus loin. Louis XIV réside désormais à Saint-Germain-en-Laye et Versailles et ne paraît plus dans sa capitale. Restées sans toiture, sans plancher et sans fenêtres, les nouvelles constructions sont inhabitables. Cette situation va perdurer jusqu'au début du XIXᵉ siècle.

La voûte de la galerie d'Apollon
Chef-d'œuvre exécuté sous la direction de Le Brun, avec l'aide de sculpteurs talentueux parmi lesquels François Girardon, le décor de la Petite Galerie reprend le principe de composition imaginé par Romanelli quelques années auparavant. Le motif poétique de la course du soleil, au fil des heures, des jours, des semaines et des mois, s'y mêle à la glorification de Louis XIV, source de prospérité et protecteur des muses en stuc, assises à la base de la voûte. Il s'agit de l'un des premiers décors importants où Louis XIV soit assimilé au dieu du soleil Apollon, formule promise à un grand avenir.

Ci-dessous, de gauche à droite

Le plafond de la chambre du Roi
Le centre de ce plafond était à l'origine orné d'une peinture d'Eustache Le Sueur, mais c'est sans doute le décor en bois sculpté qui captait l'essentiel de l'attention. Exécutée par une équipe de sculpteurs sur des modèles de Gilles Guérin, l'œuvre donne à voir des allégories de la Renommée (avec leur trompette) entourant les armes de France ainsi que des captifs (symboles du triomphe de l'autorité monarchique). Le choix du bois doré devait peut-être faire écho au grand décor de la chambre de parade imaginé par Pierre Lescot.

La voûte de l'appartement d'Anne d'Autriche
Confié au peintre italien Romanelli, épaulé par le sculpteur français Michel Anguier, le décor des appartements d'été d'Anne d'Autriche suit les principes imaginés en Italie par les frères Carrache à Rome et par Pierre de Cortone au palais Pitti à Florence : le décor, qui fait dialoguer la fresque et les stucs dorés, évoque une architecture ouvrant sur des scènes d'extérieur (dans les angles) ou devant laquelle sont appuyés de grands tableaux (scène du fond). Des bas-reliefs en stuc, doré ou couleur bronze, donnent l'illusion que des éléments antiques y sont incrustés.

Ci-contre, de haut en bas

Louis Le Vau, *Projet de vestibule ovale*, 1661-1663
Cette coupe est la seule élévation conservée du projet de vestibule imaginé par Louis Le Vau à partir de 1661 pour l'aile d'entrée du Louvre. Si la forme ovale rappelle d'autres projets de cet architecte, comme le grand salon du château de Vaux-le-Vicomte, le jeu des tables, la voûte en pierre ouverte sur l'extérieur par un ample oculus, ou encore les colonnes de marbre qui devaient orner les parois font référence à l'Antiquité romaine avec laquelle Le Vau entendait rivaliser.

Gian Lorenzo Bernini, *Premier projet pour l'entrée du Louvre*, 1664
Élaboré à Rome en 1664, ce projet est emblématique des formules du baroque romain, avec l'opposition entre des pavillons d'angle rigides et un centre ouvert et souple tout en courbes et contre-courbes.
Ce dessin a suscité beaucoup de perplexité de la part de Colbert, qui l'a jugé inadapté au climat français et aux impératifs de sécurité d'un palais royal.

Gian Lorenzo Bernini, *Troisième projet pour l'entrée du Louvre*, 1665
Bernin a conçu ce projet lors de son séjour à Paris entre juin et octobre 1665. La mise en œuvre a été entreprise peu avant son départ, avant d'être abandonnée quelques mois plus tard. Le maître italien s'adapte au goût français et propose une façade plus sobre, fermement hiérarchisée par le passage des pilastres (dans les pavillons d'angle) aux colonnes (au centre) et par le rythme crescendo des supports. Le principe italien de l'ordre raffiné sur un rez-de-chaussée brut orné de bossages aura une grande influence sur l'architecture française.

En bas

La Colonnade
La Colonnade est une construction étrange qui reprend le principe d'un péristyle de temple antique, mais pour le placer en hauteur au premier étage, lui faisant ainsi perdre sa fonction de promenoir et d'espace d'accueil avant l'accès à l'édifice. Les dimensions monumentales de ce portique ont obligé à plusieurs innovations, techniques, avec d'importantes armatures de fer, et esthétiques, avec le choix de jumeler les colonnes.

Les Tuileries, premier palais du Soleil

Les travaux aux Tuileries commencent par l'édification d'une grande salle de spectacle, voulue par Mazarin en vue des cérémonies du mariage entre Louis XIV et l'infante d'Espagne en 1660, mais qui n'est finalement terminée qu'en 1662. Colbert fait ensuite mener promptement le chantier du reste du palais, car il veut disposer d'une résidence commode pour le roi à Paris au moment où les travaux d'achèvement de la cour Carrée vont rendre le Louvre inhabitable. En 1667, Louis XIV peut emménager dans de somptueux appartements, qu'il occupe jusqu'en 1671.

La salle de spectacle des Tuileries, érigée entre 1659 et 1662, s'inscrit dans un éphémère « moment italien » du règne de Louis XIV, et dans une période riche en fêtes. Elle est confiée à un spécialiste italien de la cour de Modène, Gaspare Vigarani, assisté par ses fils, dont Carlo Vigarani, qui fait l'essentiel de sa carrière en France. Mais le reste du chantier est l'œuvre de Louis Le Vau, qui, entre 1662 et 1665, bouleverse les dispositions existantes. Régularisation, surélévation, élargissement du pavillon central et des galeries d'extrémité, ce sont plus des deux tiers de la façade sur cour et des trois quarts de la façade sur jardin qui sont l'œuvre de l'architecte, lequel ne laisse pas subsister grand-chose de l'état antérieur.

La modernisation radicale se poursuit à l'intérieur, avec la création de quatre appartements pour le roi, qui occupe à lui seul plus d'un quart des étages principaux du nouveau château. L'enfilade d'apparat du premier étage, en particulier, avec ses 156 mètres de long depuis le grand escalier jusqu'à la galerie des Ambassadeurs, doit être comparée aux 75 mètres de celle du grand appartement de Versailles entrepris quelques années plus tard. Aux Tuileries, l'identification de Louis XIV avec le soleil s'affirme : la grande fête du Carrousel de 1662, qui se déroule dans la cour du château, voit pour la première fois le roi revêtir le costume du dieu solaire Apollon, que l'on retrouve aussi dans les décors intérieurs. Charles Le Brun est une fois de plus le coordonnateur de ce décor, où il semble se concentrer surtout sur la composition générale en laissant une large initiative aux peintres chargés des tableaux principaux. Le décor des Tuileries précède et influence les grands travaux de Versailles, qui ont été le chantier suivant de Charles Le Brun et de son équipe.

Le pavillon central de Louis Le Vau
Cette photographie montre l'ampleur des transformations effectuées par Le Vau : il ne reste du pavillon central de Catherine de Médicis que les quatre colonnes et les niches du rez-de-chaussée au centre. La grande arcade au milieu a été percée par Le Vau en détruisant la porte de la Renaissance, jugée trop petite. Les parties supérieures sont entièrement de Louis Le Vau, qui a élargi son pavillon en s'étendant sur les premières arcades de Delorme à gauche et à droite. La proportion assez tassée du premier étage s'explique par la volonté de connecter le pavillon central avec le petit pavillon imaginé par Jean Bullant.

Ci-dessous
Israël Silvestre, *Course de bagues du Carrousel de 1662*, 1670
Un carrousel est une fête équestre où alternent défilés de parade et jeux d'adresse en équipes. Celui qui est donné en 1662 à l'emplacement de l'ancien jardin de Mademoiselle fête la naissance du Dauphin. Il a exigé la construction d'une arène, de gradins provisoires et d'une tribune d'où la reine doit désigner le vainqueur. Le prestige de cette grande fête est tel qu'elle a laissé son nom à l'espace qui l'a accueillie, et ce jusqu'à nos jours.

En haut
Atelier de Jean Bérain, *La salle des Machines des Tuileries*, 1680
Ce dessin pris depuis la scène montre la richesse du décor de l'espace réservé au spectateur, sans précédent à Paris. Avec près de 50 mètres de profondeur, la scène était de dimensions colossales, ce qui semble avoir nui à son acoustique, et elle n'a servi qu'à deux reprises du temps de Louis XIV. La tradition veut que les formules « côté cour » et « côté jardin », aujourd'hui employées pour désigner la droite et la gauche du spectateur, trouvent leur origine dans la disposition de la salle des Machines.

Ci-dessus, à gauche
Jean-Baptiste Fortuné de Fournier, *La galerie des Ambassadeurs*, 1857
Le décor que l'on voit sur les murs remonte à Napoléon Ier. Le plafond en revanche est toujours dans son état d'origine. Il est composé de copies de la galerie du palais Farnèse à Rome, œuvre des frères Carrache. Ces copies ont été exécutées par des élèves français pensionnés par le roi pour aller étudier à Rome au sein de l'Académie de France créée en 1666.

Ci-dessus, à droite
Jean-Louis Prieur, *Le grand escalier des Tuileries durant la journée des Poignards*, 1791-1794
Ce dessin, qui illustre un épisode révolutionnaire aux Tuileries, est le seul à donner une vue générale du grand escalier imaginé par Louis Le Vau pour remplacer la volée ovale de Delorme. Bien plus monumental, ce nouvel escalier avait l'inconvénient de couper en deux les circulations de plain-pied au premier étage du palais, ce qui explique qu'il ait été démoli en 1832.

Double page suivante
Vue du palais des Tuileries côté jardin, restitution virtuelle
État après les travaux de Louis Le Vau.

Un palais du pouvoir ou un temple des Arts ?

Durant plus d'un siècle, la monarchie se contente du Louvre et des Tuileries dans l'état où Louis XIV les a laissés. Seul le marquis de Marigny, ministre des Arts de Louis XV, fait entreprendre entre 1754 et 1759 quelques travaux pour poursuivre la cour Carrée, où les parties bâties du temps du Roi-Soleil n'ont toujours ni toiture, ni planchers, ni fenêtres. Que peut devenir la demeure du roi lorsque le souverain n'y réside plus ? La question reçoit un début de réponse assez confus où la vocation culturelle du Louvre s'affirme pour la première fois. Mais le problème est brutalement résolu d'une autre manière par le retour forcé de Louis XVI aux Tuileries aux premiers jours de la Révolution française.

Charles Eisen et Jacques Philippe Le Bas, *L'Ombre du Grand Colbert*, 1752
Cette estampe met en scène le Génie affligé et en pleurs sur le sol, la ville de Paris implorant le buste de Louis XV de rendre son lustre au Louvre, étouffé par des constructions parasites (à l'arrière-plan), et, sur la droite, le fantôme de Colbert préférant regagner sa tombe plutôt que de contempler plus longtemps l'échec du grand projet de Louis XIV. C'est une satire philosophique qui dénonce l'inaction de la monarchie et qui prend place en tête d'un recueil de réflexions sur le Louvre par Étienne La Font de Saint-Yenne.

Durant le siècle des Lumières, les Tuileries sont toujours le siège du pouvoir dans Paris : le jeune Louis XV y loge durant le temps de la Régence avant d'aller s'installer à Versailles en 1722, et la famille royale y réside lorsqu'elle passe à Paris. En dehors des rares séjours de la monarchie, le palais devient un haut lieu du spectacle et accueille de 1725 à 1789 le Concert spirituel, qui doit son nom à l'autorisation qu'il a reçue de jouer uniquement durant les fêtes religieuses. À partir de 1763, l'Opéra, qui vient de perdre sa salle du Palais-Royal, puis la Comédie-Française, qui attend l'achèvement du théâtre de l'Odéon, s'y produisent. À cet effet, les architectes Soufflot et Gabriel taillent dans l'immense volume de la scène de Vigarani une nouvelle salle plus petite et plus moderne.

Le Louvre accueille depuis 1692 toutes les Académies instituées par Louis XIV : l'Académie française et l'Académie des sciences sont les plus célèbres, mais l'Académie royale de peinture et de sculpture, qui s'enorgueillit des œuvres exécutées par ses membres, est aussi très importante. Le projet de placer au Louvre la bibliothèque royale, régulièrement avancé, est cependant toujours ajourné et la situation calamiteuse du palais dans Paris suscite à partir du milieu du siècle les critiques de philosophes comme Voltaire.

Sous la Révolution, les Tuileries redeviennent le siège du pouvoir : c'est là que résident Louis XVI puis le gouvernement révolutionnaire qui lui succède, avec son Comité de salut public et son assemblée, pour laquelle est aménagée l'une des premières salles spécialement conçues pour accueillir les débats parlementaires. Au Louvre, la Révolution mène à bien une idée qui remonte à la fin de l'Ancien Régime : ouvrir un musée dans la Grande Galerie. Le nombre d'œuvres exposées connaît une progression exponentielle, avec la nationalisation des biens du clergé, les saisies des propriétés des nobles émigrés et les campagnes militaires en Italie et dans les Pays-Bas. Les anciens appartements d'été d'Anne d'Autriche dans la Petite Galerie doivent alors être transformés en salles d'exposition pour les statues antiques.

Ci-dessus, à gauche
Gabriel de Saint-Aubin, *Le Salon carré*, 1767
À partir de 1737, le Louvre accueille sur ordre du roi une exposition annuelle puis biennale des œuvres des membres de son Académie de peinture et de sculpture. Elle se tient dans le Salon carré, d'où le nom de « Salon » qui lui a été donné et qui a fini par désigner, jusqu'à aujourd'hui encore, tout type de présentation temporaire réunissant de multiples exposants. Gabriel de Saint-Aubin traduit bien la densité de l'accrochage, l'encombrement des tables surchargées de petites sculptures et la difficulté de l'accès au salon, depuis un escalier situé dans l'angle au fond à gauche, dont on voit la rambarde en fer forgé.

Ci-dessus, à droite
Gabriel de Saint-Aubin, *Une séance à l'Académie des inscriptions et belles-lettres*, 1773
L'Académie des inscriptions et belles-lettres était voisine de l'Académie française au rez-de-chaussée de l'aile Lemercier. Fondée par Louis XIV pour fournir des devises et des textes à sa gloire, elle est devenue au temps des Lumières un foyer de recherche sur les « sciences humaines » (histoire, littérature, édition de textes) et ses séances publiques étaient très prisées, comme le montre ce dessin où le public se presse autour des académiciens et dans des tribunes, au milieu des collections de l'institution.

Ci-contre
Jean Duplessis-Bertaux et Pierre Gabriel Berthault, *La salle d'assemblée de la Convention*, 1797
Cette salle a été bâtie à l'emplacement du théâtre de Louis XIV. Très simple faute de moyens, son architecture, œuvre de Jacques Gisors, montrait entre les fenêtres les grands législateurs de l'Antiquité peints en faux bronze. Les Tuileries ont été durant la Révolution le cœur du pouvoir à Paris, mais aussi le lieu de violentes manifestations, comme celle de la journée du 10 août 1792, qui aboutit à la fin de la monarchie. Ici, c'est un événement moins connu qui est représenté : l'assassinat du député Féraud, dont la tête est portée par les émeutiers au bout d'une pique devant le président de l'Assemblée.

En haut, à gauche

Jacques Albert Senave, *La Grande Galerie*, 1799-1801

Le musée du Louvre, qui a ouvert ses portes pour la première fois à la fin de l'année 1793, expose environ six cents tableaux dans la Grande Galerie, très sommairement aménagée avec son plancher branlant, ses murs simplement peints en vert et son plafond gris-bleu, bien loin des projets grandioses, mais jamais menés à bien, imaginés durant le règne de Louis XVI pour mettre en valeur les tableaux du roi. La cloison visible au fond sépare la moitié de la galerie considérée comme aboutie et celle qui reste à terminer. Le contraste entre les grands projets de l'Ancien Régime et les réalisations de la Révolution montre que l'ouverture du musée n'a pu se faire qu'au prix d'une sévère réduction des ambitions précédentes.

En haut, à droite

Hubert Robert, *Projet pour la Grande Galerie*, 1796

Présenté au Salon de 1796, ce tableau propose une Grande Galerie idéale qui fait la synthèse des réflexions entamées sous l'Ancien Régime. Des écrans de colonnes supportant des arcs scandent l'espace tout en laissant filer la vue. La lumière la plus parfaite et la plus égale, venue de jours percés dans la voûte, éclaire les tableaux. Des niches permettent d'accueillir la collection de statues modernes et antiques, qui n'est encore constituée que d'un petit nombre d'œuvres.

Ci-dessus

La galerie des Antiques, 1812-1815

À partir de 1797, l'afflux des sculptures antiques saisies en Italie a obligé à aménager une nouvelle galerie, qui, étant donné le poids des œuvres, devait être située au rez-de-chaussée du musée. Il fallait par ailleurs un décor capable de rivaliser avec le musée du Vatican, d'où provenaient une grande partie des statues spoliées. C'est l'architecte Jean Arnaud Raymond qui a assuré l'essentiel de ces travaux entre 1798 et 1801. Ils ont consisté à réutiliser les grands décors des voûtes de l'appartement d'été d'Anne d'Autriche, mais en ouvrant les pièces les unes sur les autres par des portiques de colonnes ou de grandes arcades afin de ménager une enfilade grandiose qui guidait le regard jusqu'au groupe du *Laocoon*, peut-être la plus célèbre antique saisie dans les collections pontificales, placée tout au fond dans une niche axiale.

Napoléon Ier

En 1799, un jeune général ambitieux, Napoléon Bonaparte, prend le pouvoir par un coup d'État et déclare vouloir mettre un terme à la Révolution, qui s'est épuisée dans un cycle d'instabilité et de violences culminant avec la Terreur en 1794. Mais il se retrouve lui-même pris dans un engrenage qui l'amène à instaurer un régime de plus en plus autoritaire, l'Empire, et à engager la France dans une coûteuse politique d'expansionnisme militaire à l'échelle européenne. L'échec de ses armées entraîne la chute définitive de son régime en 1815. Pour Napoléon, dans la lignée de la Révolution, les Tuileries restent le lieu symbolique du pouvoir, où il s'installe trois mois seulement après son coup d'État. Quant au Louvre, son achèvement doit être le moyen de montrer l'efficacité et la légitimité du régime, par opposition à l'incapacité de ses prédécesseurs.

1815

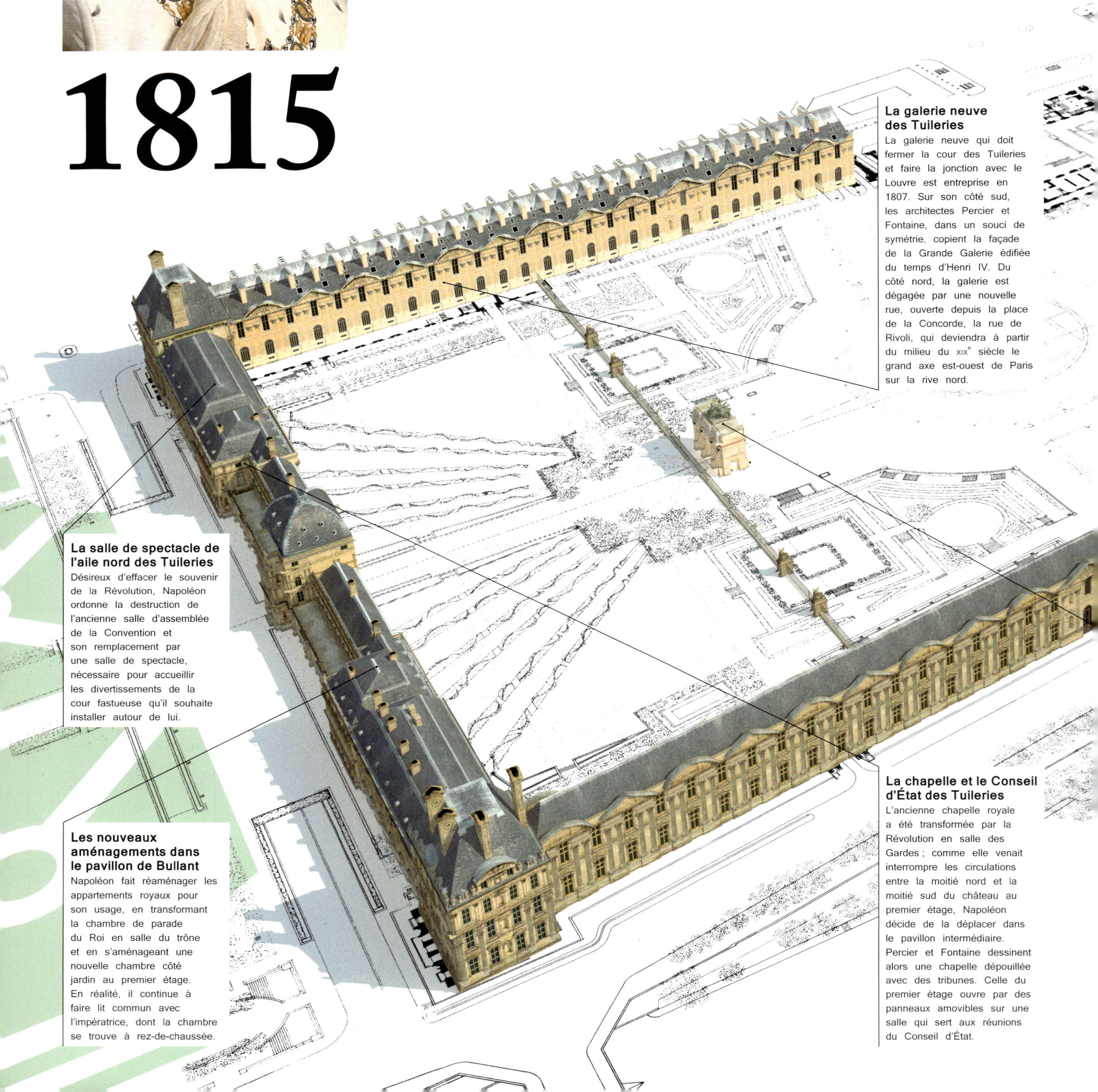

La galerie neuve des Tuileries
La galerie neuve qui doit fermer la cour des Tuileries et faire la jonction avec le Louvre est entreprise en 1807. Sur son côté sud, les architectes Percier et Fontaine, dans un souci de symétrie, copient la façade de la Grande Galerie édifiée du temps d'Henri IV. Du côté nord, la galerie est dégagée par une nouvelle rue, ouverte depuis la place de la Concorde, la rue de Rivoli, qui deviendra à partir du milieu du XIXe siècle le grand axe est-ouest de Paris sur la rive nord.

La salle de spectacle de l'aile nord des Tuileries
Désireux d'effacer le souvenir de la Révolution, Napoléon ordonne la destruction de l'ancienne salle d'assemblée de la Convention et son remplacement par une salle de spectacle, nécessaire pour accueillir les divertissements de la cour fastueuse qu'il souhaite installer autour de lui.

Les nouveaux aménagements dans le pavillon de Bullant
Napoléon fait réaménager les appartements royaux pour son usage, en transformant la chambre de parade du Roi en salle du trône et en s'aménageant une nouvelle chambre côté jardin au premier étage. En réalité, il continue à faire lit commun avec l'impératrice, dont la chambre se trouve à rez-de-chaussée.

La chapelle et le Conseil d'État des Tuileries
L'ancienne chapelle royale a été transformée par la Révolution en salle des Gardes ; comme elle venait interrompre les circulations entre la moitié nord et la moitié sud du château au premier étage, Napoléon décide de la déplacer dans le pavillon intermédiaire. Percier et Fontaine dessinent alors une chapelle dépouillée avec des tribunes. Celle du premier étage ouvre par des panneaux amovibles sur une salle qui sert aux réunions du Conseil d'État.

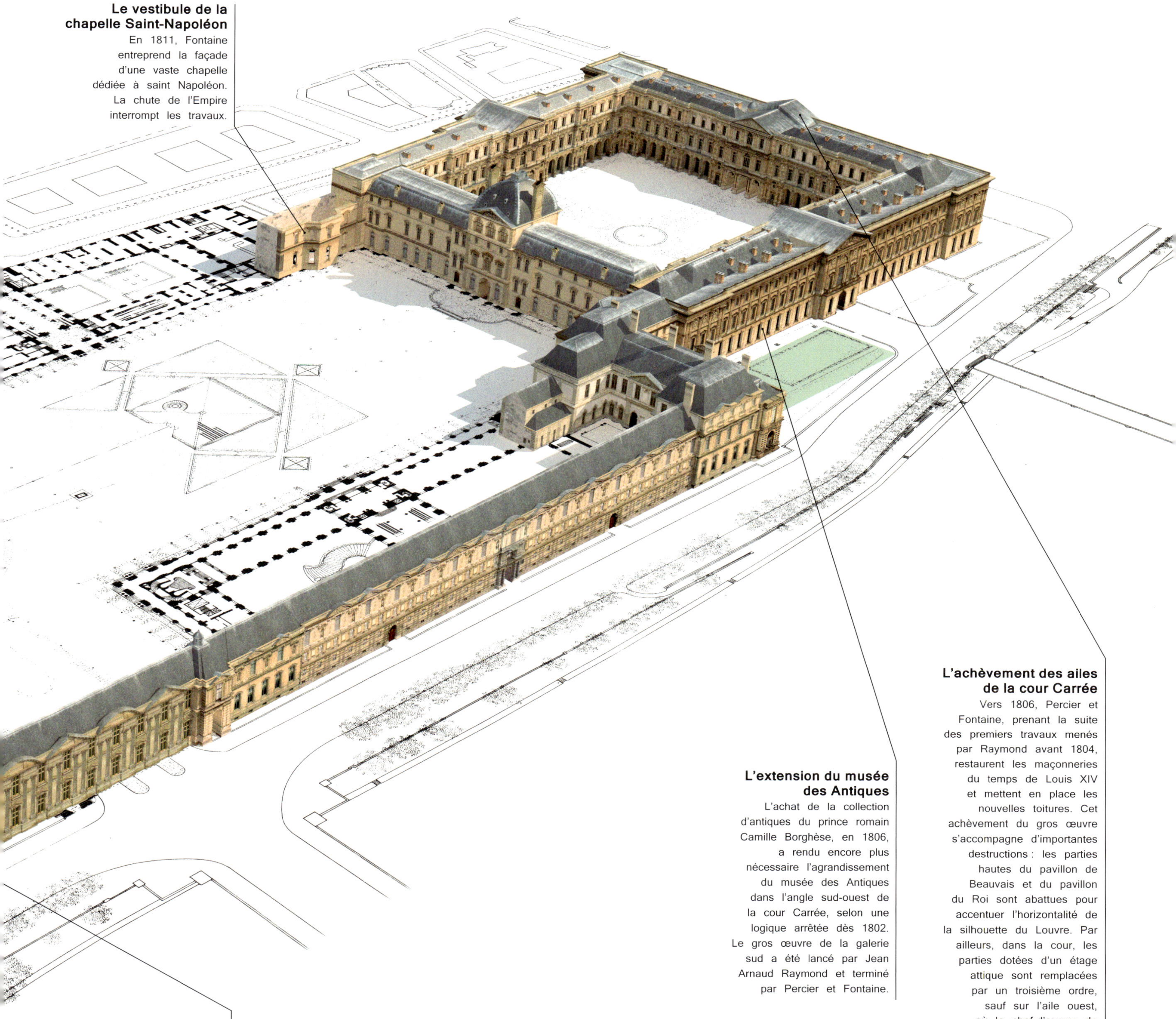

Le vestibule de la chapelle Saint-Napoléon
En 1811, Fontaine entreprend la façade d'une vaste chapelle dédiée à saint Napoléon. La chute de l'Empire interrompt les travaux.

L'achèvement des ailes de la cour Carrée
Vers 1806, Percier et Fontaine, prenant la suite des premiers travaux menés par Raymond avant 1804, restaurent les maçonneries du temps de Louis XIV et mettent en place les nouvelles toitures. Cet achèvement du gros œuvre s'accompagne d'importantes destructions : les parties hautes du pavillon de Beauvais et du pavillon du Roi sont abattues pour accentuer l'horizontalité de la silhouette du Louvre. Par ailleurs, dans la cour, les parties dotées d'un étage attique sont remplacées par un troisième ordre, sauf sur l'aile ouest, où le chef-d'œuvre de Lescot est préservé.

L'extension du musée des Antiques
L'achat de la collection d'antiques du prince romain Camille Borghèse, en 1806, a rendu encore plus nécessaire l'agrandissement du musée des Antiques dans l'angle sud-ouest de la cour Carrée, selon une logique arrêtée dès 1802. Le gros œuvre de la galerie sud a été lancé par Jean Arnaud Raymond et terminé par Percier et Fontaine.

L'arc du Carrousel
En 1792, alors que les bâtiments qui encombraient les cours des Tuileries ont été incendiés, les autorités révolutionnaires ordonnent leur démolition et la pose d'une simple grille de fer pour fermer la cour. En 1806, Napoléon décide de marquer l'entrée en faisant édifier un petit arc à la gloire de ses armées. La conception de la structure est confiée aux architectes Percier et Fontaine et la définition du programme sculpté au directeur du musée, Dominique Vivant Denon.

Au temps de l'aigle impériale

Le Louvre et les Tuileries de Napoléon Ier sont le fruit de la collaboration intime entre deux jeunes architectes, Pierre François Léonard Fontaine, le gestionnaire et l'administrateur, et Charles Percier, l'intellectuel créateur. Leur style est nourri de références archéologiques et entend, y compris dans le décor intérieur, s'inspirer des lignes de l'Antiquité et de la Renaissance. Le goût du monumental, qui pourrait aboutir à une forme d'abstraction froide, est équilibré par l'emploi de matériaux riches et polychromes (marbre, bronze doré et mosaïque) et par une sculpture finement détaillée.

Au Louvre, l'Empire achève la cour Carrée, qui est enfin dotée de toitures, de planchers et de fenêtres. Mais les aménagements intérieurs avancent plus lentement, au rythme des crédits fluctuants et des tergiversations : le Louvre doit-il être un musée ou bien la résidence de la famille impériale et des invités de l'empereur ? La réponse reste indécise, mais Dominique Vivant Denon, le directeur du musée, rebaptisé musée Napoléon, mène une politique active. Les saisies continuent à affluer avec les campagnes militaires et constituent un rassemblement de chefs-d'œuvre sans précédent et sans postérité en Europe. En vue de leur présentation au public, les tableaux, statues et objets d'art sont inventoriés, restaurés et étudiés. Pour les nouvelles salles, Percier et Fontaine appliquent l'esthétique mise au point par leur prédécesseur immédiat, Jean Arnaud Raymond, dans les anciens appartements d'Anne d'Autriche et dans la salle de Diane. Pour les sculptures, les parois simples recouvertes de marbre ou de granite (vrai ou feint) sont surmontées de voûtes richement sculptées en bas relief avec des motifs parfois repris sur les principaux modèles du temps de Lescot. Pour les peintures, la Grande Galerie est réaménagée.

Aux Tuileries, selon le mot de Mme de Staël, « il suffisait de laisser faire les murs pour tout rétablir » du faste monarchique. En réalité, un important travail de modernisation des appartements est mené à bien, en particulier dans les espaces très symboliques que sont la chambre de parade et la chambre à coucher du Roi. Chauffage par le sol, système isolant de doubles menuiseries et création de salles de bains témoignent par ailleurs d'une nouvelle recherche de confort. Pour compenser l'étroitesse du bâtiment, des dispositifs modulables sont aménagés entre la chapelle et la salle du Conseil d'État et dans la salle de spectacle. Mais le plus important porte sans doute sur les abords, avec la création d'une grande cour servant de place d'armes pour les revues militaires du régime et le dégagement du palais grâce au percement d'une nouvelle rue qui prend le nom de l'une des victoires de Napoléon, la rue de Rivoli. Cependant, l'achèvement du Grand Dessein de la monarchie est repoussé en raison des divergences de vue entre l'empereur, qui veut dégager au maximum l'espace entre le Louvre et les Tuileries, et ses architectes, qui cherchent à dissimuler par une galerie transversale nord-sud les défauts d'alignement entre les deux palais.

Charles Percier, *L'escalier nord de la Colonnade*, 1807-1809
Une partie importante du Louvre devait accueillir des logements d'apparat pour la famille impériale et pour les souverains étrangers en visite à Paris. Les grands escaliers d'accès à ces appartements, aménagés par Percier et Fontaine dans les pavillons d'angle de la Colonnade, sont en pierre de taille, mais devaient être ornés d'un riche décor en bas relief. Seul celui des lunettes en demi-cercle à la base de la voûte a été exécuté.

Auguste Hibon, *Le Grand Dessein de Percier et Fontaine*, 1831
Quoique publiée vers 1826, cette estampe témoigne d'un dessein arrêté dès 1809. Percier et Fontaine sont obsédés par le manque de parallélisme entre le Louvre et les Tuileries et ils tentent de le masquer en introduisant entre les deux palais une aile nord-sud de plan triangulaire destinée à accueillir la Bibliothèque impériale. Une fontaine circulaire doit également être élevée devant l'arc du Carrousel, au point de rencontre entre l'axe du Louvre et celui des Tuileries, afin de dissimuler entièrement l'anomalie. Derrière les façades uniformes de la cour du côté du Louvre se cachent des programmes très différents : côté Seine, des écuries, et côté nord, deux grands bâtiments, le premier pour l'Opéra et le second pour une chapelle Saint-Napoléon dont seule la façade a été entreprise.

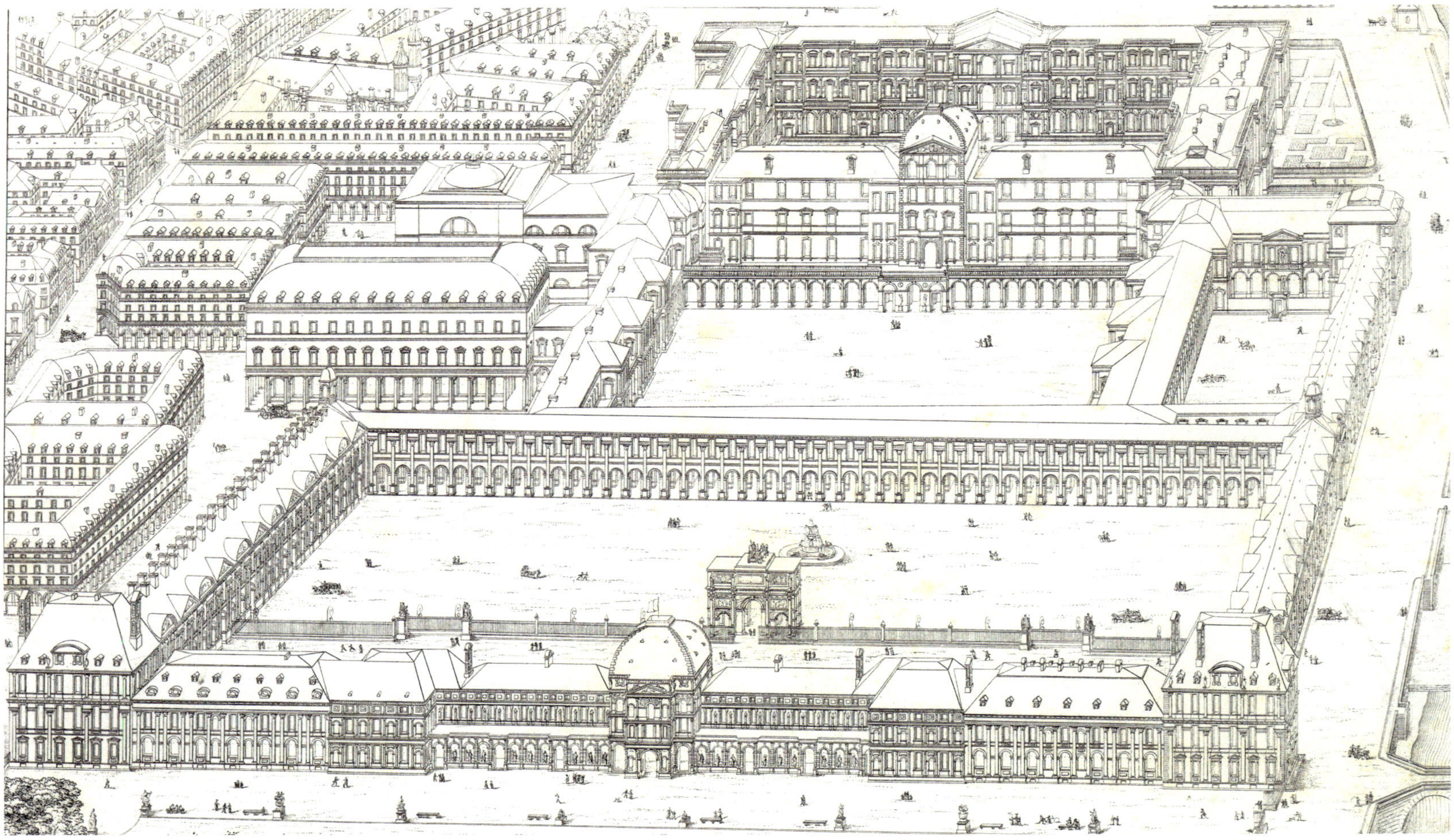

Ci-contre, de haut en bas

***Le cortège nuptial de Napoléon et Marie Louise dans la Grande Galerie*, d'après Zix**

Après avoir divorcé de Joséphine, Napoléon se remarie en avril 1810 avec Marie-Louise, fille de l'empereur d'Autriche. Le statut de l'époux ne permettant pas de grandes cérémonies à Notre-Dame, la messe nuptiale se tient dans le Salon carré, réaménagé en chapelle pour l'occasion. Le cortège traverse la Grande Galerie transformée par Percier et Fontaine, qui ont fait la synthèse de toutes les idées émises depuis la fin de la monarchie : l'éclairage latéral par des fenêtres alterne avec la lumière zénithale tombant des ouvertures à la base de la voûte et l'espace est scandé, sans être recoupé, par des portiques de colonnes portant des arcs. La voûte est ornée d'un décor en trompe l'œil de caissons en grisaille et or.

Jean-Baptiste Isabey, *La salle du Trône des Tuileries*, 1804-1814

Œuvre de l'ébéniste Jacob Desmalter sur des dessins de Percier et Fontaine, le décor de la salle du Trône, inaugurée en 1804, montre à la fois la continuité et la rupture instaurée par l'Empire. Elle est en effet située à l'emplacement de la chambre de parade où se tenaient les grandes audiences et où avaient lieu les cérémonies du lever et du coucher du roi. Le lit est toutefois remplacé par le trône.

Eugène Viollet-le-Duc, *La salle de spectacle des Tuileries*, vers 1832-1835

La salle de spectacle des Tuileries est ici transformée pour accueillir un grand dîner au moyen d'un plancher posé au-dessus des gradins et d'une colonnade installée sur la scène de façon à créer une symétrie par rapport à celle existant côté spectateurs. Avec ses colonnes portant de grandes coupoles, sur le modèle des thermes antiques, cette architecture est un manifeste des réalisations de Percier et Fontaine.

Ci-dessus, de haut en bas

L'arc de triomphe du Carrousel

Élevé entre 1806 et 1808 par les architectes Percier et Fontaine, il s'agit d'un petit bijou polychrome, où les marbres rouge, rose et blanc s'allient au bronze des chapiteaux. Le char situé au sommet de l'arc était tiré par les quatre chevaux de Saint-Marc, spoliés par l'armée française lors de la conquête de Venise, et aurait dû accueillir une statue en pied de Napoléon que l'empereur n'a pas appréciée et qu'il a fait déposer quelques jours après sa mise en place. L'ensemble du groupe a été démantelé en 1815 et seules subsistent les deux statues en plomb doré du sculpteur Lemot ; le char et les chevaux actuels ont été fondus sous la Restauration d'après des modèles de Bosio.

Le pavillon central de la Colonnade

Percier et Fontaine ont achevé le décor entrepris du temps de Louis XIV. Au-dessus de la grande arcade, la Victoire sur son char distribuant des couronnes, sculptée par Pierre Cartellier et inspirée de camées antiques, a suscité de vives réactions dans la presse en raison de la position divergente des chevaux. Au-dessus, au centre du fronton, Lemot a représenté le buste de Napoléon entouré de Minerve et des Muses. Ce buste a été retaillé et doté d'une perruque sous la Restauration pour être transformé en Louis XIV.

De la Restauration à la Deuxième République

Du premier au second Empire, on assiste à un étrange mélange de stabilité et de rupture. Stabilité car l'architecte Fontaine, resté en poste jusqu'en 1848, maintient le style qu'il a mis au point pour Napoléon Ier et continue à promouvoir son projet d'achèvement du Louvre et des Tuileries. Les gouvernements en revanche se succèdent à un rythme frénétique : la Restauration des frères de Louis XVI (Louis XVIII et Charles X de 1815 à 1830), la monarchie de Juillet de leur cousin Orléans (Louis-Philippe, roi des Français de 1830 à 1848) et enfin la Deuxième République (de 1848 à 1852). Tous ces régimes ont en commun une forme d'aversion pour les Tuileries, sur lesquelles semble peser la fatalité de la chute originelle de Louis XVI. Au Louvre, « les musées », selon la formule du temps, profitent des indécisions politiques pour étendre leur emprise.

Aux Tuileries, l'on n'observe pas d'extension significative, hormis quelques travées de la galerie sur la rue de Rivoli ; les souverains continuent à entretenir les grands décors du temps de Louis XIV et ce n'est que dans les appartements des enfants royaux que s'exercent les modes successives. Sans parler de l'exigeante duchesse de Berry sous la Restauration, les enfants de Louis-Philippe font appel à des décorateurs extérieurs pour leur boudoir néo-gothique (Marie d'Orléans) ou leur salle à manger Louis XIV (Ferdinand Philippe).

Au Louvre, Percier et Fontaine doivent intégrer dans leurs décors de grandes peintures plafonnantes dont ils désapprouvent le principe, mais qui leur sont imposées par l'administration des Beaux-Arts comme un moyen de soutenir la production artistique française. Les plus grands peintres, tel Ingres au plafond du musée Charles X, ont ainsi œuvré au décor du Louvre.

Au fur et à mesure des acquisitions, de nouvelles sections s'ouvrent, considérées comme des musées indépendants les uns des autres : la galerie d'Angoulême, consacrée à la sculpture de la Renaissance et des Temps modernes (1824), le musée égyptien conçu par Champollion et formant une partie du musée Charles X (1827), le musée de la Marine (1827), le musée espagnol du roi Louis-Philippe, le musée assyrien, fruit des campagnes archéologiques du diplomate Paul Émile Botta, ou encore le musée mexicain...

Sous la Deuxième République, l'architecte Félix Duban est rapidement évincé par son concurrent Visconti, mais il est au cœur de deux évolutions majeures : avec ses restaurations de la Petite et de la Grande Galerie, il est le premier à voir dans le Louvre un monument historique (selon la terminologie mise au point sous la monarchie de Juillet) dont il faut préserver le caractère et qu'il ne faut réparer qu'après une analyse minutieuse. À l'intérieur, il applique sa méthode sur les peintures et les stucs de la galerie d'Apollon et il confie le panneau central, qui n'avait jamais été exécuté, à Delacroix. Par ailleurs, Duban crée deux vastes sanctuaires à la gloire de la peinture, pour lesquels il invente un style nouveau, qui s'imposera dans le musée jusqu'à la Troisième République. Le Salon carré et la salle des Sept Cheminées témoignent ainsi d'une esthétique de l'opulence, qui doit être à la hauteur des œuvres exposées. Les voussures sont rehaussées de grands décors sculptés pour accompagner les tableaux sans les concurrencer et qui encadrent des verrières zénithales dispensant la lumière jugée la meilleure et la plus égale.

La Petite Galerie
Sur la façade de la Petite Galerie, Félix Duban est intervenu en reconstruisant les trois fenêtres de gauche qui s'étaient affaissées mais il a aussi effectué une restitution de son apparence d'origine en s'inspirant de la gravure de Jean Marot. Pour cela, il a reconstruit les lucarnes circulaires (purement décoratives et qui n'éclairent pas le comble !) et recréé un petit fronton triangulaire et un bas-relief au-dessus de la fenêtre d'axe. Au premier étage, il a conservé, pour des raisons d'économie, l'ordre ionique imaginé par Louis Le Vau du temps de Louis XIV. Cependant, comme celui-ci ne décorait que les sept fenêtres du centre, alors que l'ordre ornait toute la façade du temps d'Henri IV, Duban a réincrusté des pilastres entre les fenêtres des extrémités. Le résultat est un des patchworks les plus complexes du Louvre.

Ci-dessous, de gauche à droite

Eugène Viollet-le-Duc, *Le grand escalier des Tuileries*, vers 1832-1835
Une seule grande campagne de transformation a eu lieu aux Tuileries entre 1815 et 1852 : voulue par Louis-Philippe et menée à bien par l'architecte Fontaine entre 1832 et 1833, elle a consisté à supprimer l'ancien escalier de Le Vau pour créer à la place une galerie des fêtes et rétablir enfin une circulation de plain-pied au premier étage du château. Un nouvel escalier a été bâti à l'emplacement de la terrasse nord de Philibert Delorme, qui a été supprimée et surélevée. On y retrouve l'esthétique minérale et l'emploi des ordres antiques que Percier et Fontaine ont mis au point sous l'Empire, en particulier dans les escaliers de la Colonnade.

Prosper Lafaye, *Le cabinet de Marie d'Orléans*, vers 1841-1842
Aux Tuileries, les membres les plus jeunes de la famille royale imposent un style nouveau ; c'est le cas de Marie d'Orléans, fille de Louis-Philippe, qui est aussi une artiste dotée d'un réel talent pour la sculpture. Pour abriter son cabinet de curiosités, elle fait appel à un architecte en vogue, Théodore Charpentier, auquel elle demande de créer un intérieur gothique, avec plafond à caissons et vitraux ; le mobilier mélange des œuvres originales de la collection de la princesse avec des pastiches exécutés spécialement pour l'occasion.

En haut

Giuseppe Castiglione, *Le Salon carré*, 1861

La muséographie de Duban déploie un riche décor d'une chaude polychromie où dialoguent le bois noir, la dorure et les murs recouverts d'un motif imitant le cuir gaufré. Le programme sculpté, confié à Charles Simart, est cantonné dans les parties hautes pour laisser de grandes cimaises pour les tableaux. Il se compose d'allégories des arts et des vertus créatrices ainsi que de cartouches portant les noms de grands artistes du passé.

Ci-contre à gauche

L'enfilade du musée Charles X

Le décor conçu par Percier et Fontaine joue sur l'effet du stuc imitant le marbre pour créer une enfilade d'arcs triomphaux. Les salles sont par ailleurs ornées de riches cheminées en mosaïque, œuvres de Francesco Belloni. Les peintures des plafonds traitent généralement de sujets allégoriques, en rapport avec les arts ou avec les objets exposés dans les salles, comme *L'Étude et le Génie dévoilant l'antique Égypte à la Grèce* de François Picot ou le transfert des arts grecs à Paris par Charles Meynier. On trouve aussi quelques scènes historiques, plus dans le goût de la peinture romantique qui triomphe alors à Paris, comme *L'Égypte sauvée par Joseph* d'Abel de Pujol.

Ci-dessus

Christophe Civeton et Auguste Hibon, *La galerie d'Angoulême*, 1826-1827

Cette galerie, qui ouvre pour la première fois en 1826 et doit son nom au duc d'Angoulême, l'un des fils du roi Charles X, était consacrée à la sculpture allant du Moyen Âge au siècle de Louis XIV. Aménagée par Percier et Fontaine dans les anciens locaux de l'Académie française et de l'Académie des inscriptions et belles-lettres, elle est très caractéristique de leur esthétique, avec de grandes voûtes dépouillées, de subtils ornements végétaux en bandes autour des chambranles et des portes et un sol de marbre à la géométrie sophistiquée.

Napoléon III

Napoléon III est, avec Louis XIV, le plus grand bâtisseur du Louvre et le palais que nous parcourons aujourd'hui porte partout sa marque : non seulement l'empereur a mené à son terme le Grand Dessein jusqu'alors inachevé, en doublant les surfaces du Louvre (1852-1857), mais il a entrepris ensuite de reconstruire ou de modifier les parties anciennes des Tuileries pour les adapter à son « Nouveau Louvre » (1861-1865). Les transformations du régime impérial, qui tente durant sa dernière année une forme de parlementarisme, et l'échec final après le désastre militaire de Sedan en 1870 laissent le grand projet de Napoléon III inachevé. Le Nouveau Louvre de l'empereur, qui s'inscrit dans un programme de modernisation forcée de Paris conduit par le préfet Haussmann, est la vitrine du régime mais en illustre aussi les paradoxes. Si l'objectif est en effet de mener à bien le projet des rois et d'en respecter l'esthétique, il n'en faut pas moins recourir à des techniques et des matériaux modernes. On cherche à créer un théâtre à la hauteur des fastes de la haute société de l'Empire, mais également à œuvrer de manière paternaliste à l'épanouissement de l'ouvrier, qui doit trouver sur le chantier travail, rémunération… et un cadre de contrôle coercitif.

1870

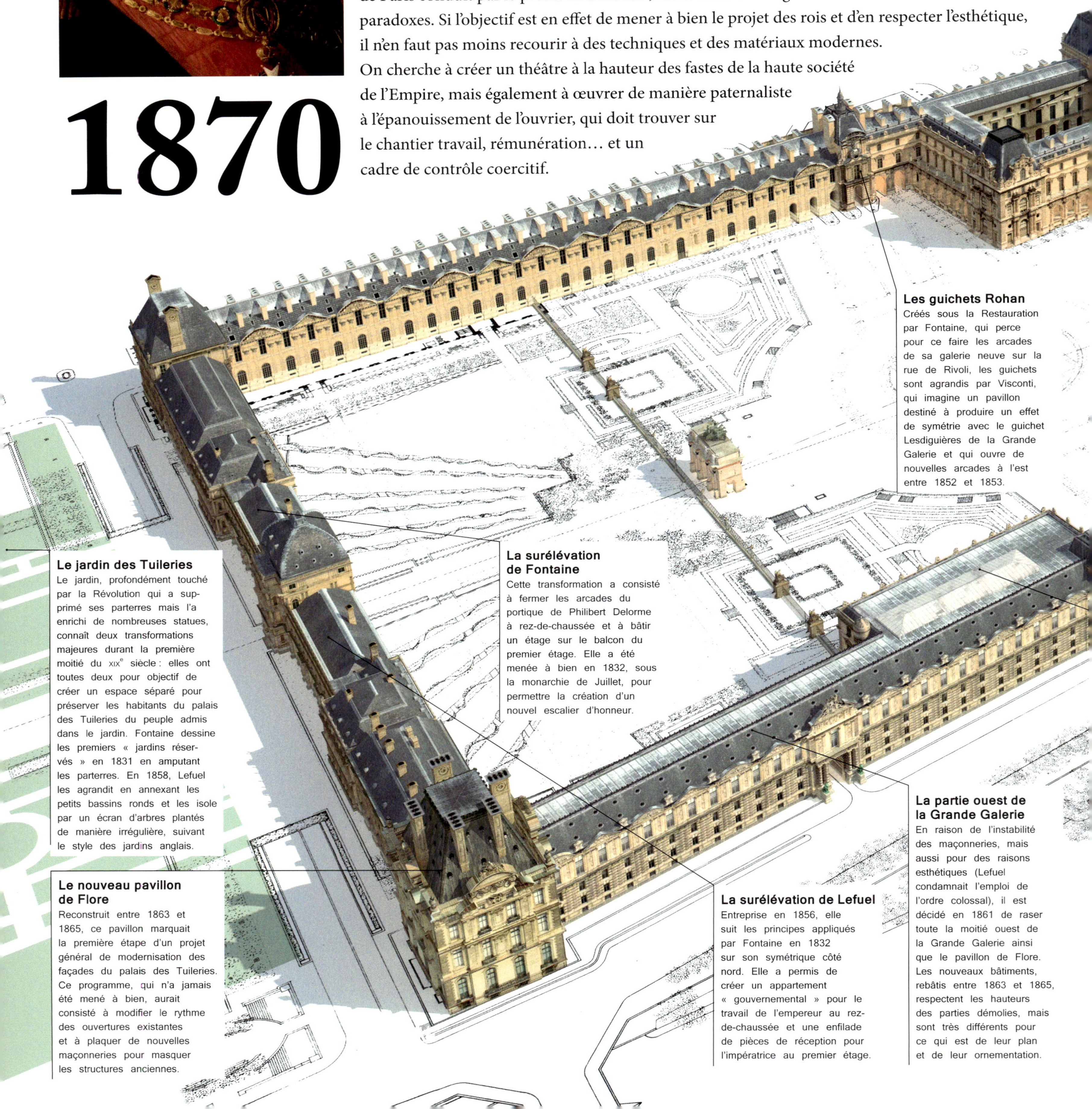

Les guichets Rohan
Créés sous la Restauration par Fontaine, qui perce pour ce faire les arcades de sa galerie neuve sur la rue de Rivoli, les guichets sont agrandis par Visconti, qui imagine un pavillon destiné à produire un effet de symétrie avec le guichet Lesdiguières de la Grande Galerie et qui ouvre de nouvelles arcades à l'est entre 1852 et 1853.

Le jardin des Tuileries
Le jardin, profondément touché par la Révolution qui a supprimé ses parterres mais l'a enrichi de nombreuses statues, connaît deux transformations majeures durant la première moitié du XIXe siècle : elles ont toutes deux pour objectif de créer un espace séparé pour préserver les habitants du palais des Tuileries du peuple admis dans le jardin. Fontaine dessine les premiers « jardins réservés » en 1831 en amputant les parterres. En 1858, Lefuel les agrandit en annexant les petits bassins ronds et les isole par un écran d'arbres plantés de manière irrégulière, suivant le style des jardins anglais.

La surélévation de Fontaine
Cette transformation a consisté à fermer les arcades du portique de Philibert Delorme à rez-de-chaussée et à bâtir un étage sur le balcon du premier étage. Elle a été menée à bien en 1832, sous la monarchie de Juillet, pour permettre la création d'un nouvel escalier d'honneur.

Le nouveau pavillon de Flore
Reconstruit entre 1863 et 1865, ce pavillon marquait la première étape d'un projet général de modernisation des façades du palais des Tuileries. Ce programme, qui n'a jamais été mené à bien, aurait consisté à modifier le rythme des ouvertures existantes et à plaquer de nouvelles maçonneries pour masquer les structures anciennes.

La surélévation de Lefuel
Entreprise en 1856, elle suit les principes appliqués par Fontaine en 1832 sur son symétrique côté nord. Elle a permis de créer un appartement « gouvernemental » pour le travail de l'empereur au rez-de-chaussée et une enfilade de pièces de réception pour l'impératrice au premier étage.

La partie ouest de la Grande Galerie
En raison de l'instabilité des maçonneries, mais aussi pour des raisons esthétiques (Lefuel condamnait l'emploi de l'ordre colossal), il est décidé en 1861 de raser toute la moitié ouest de la Grande Galerie ainsi que le pavillon de Flore. Les nouveaux bâtiments, rebâtis entre 1863 et 1865, respectent les hauteurs des parties démolies, mais sont très différents pour ce qui est de leur plan et de leur ornementation.

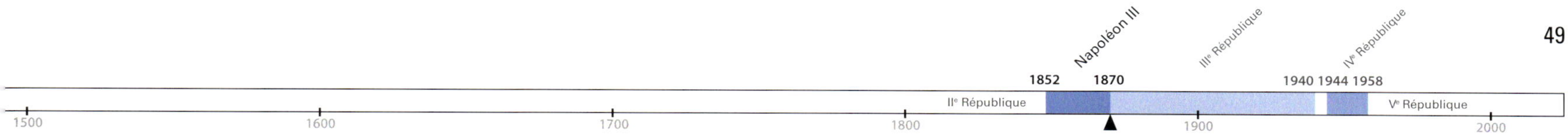

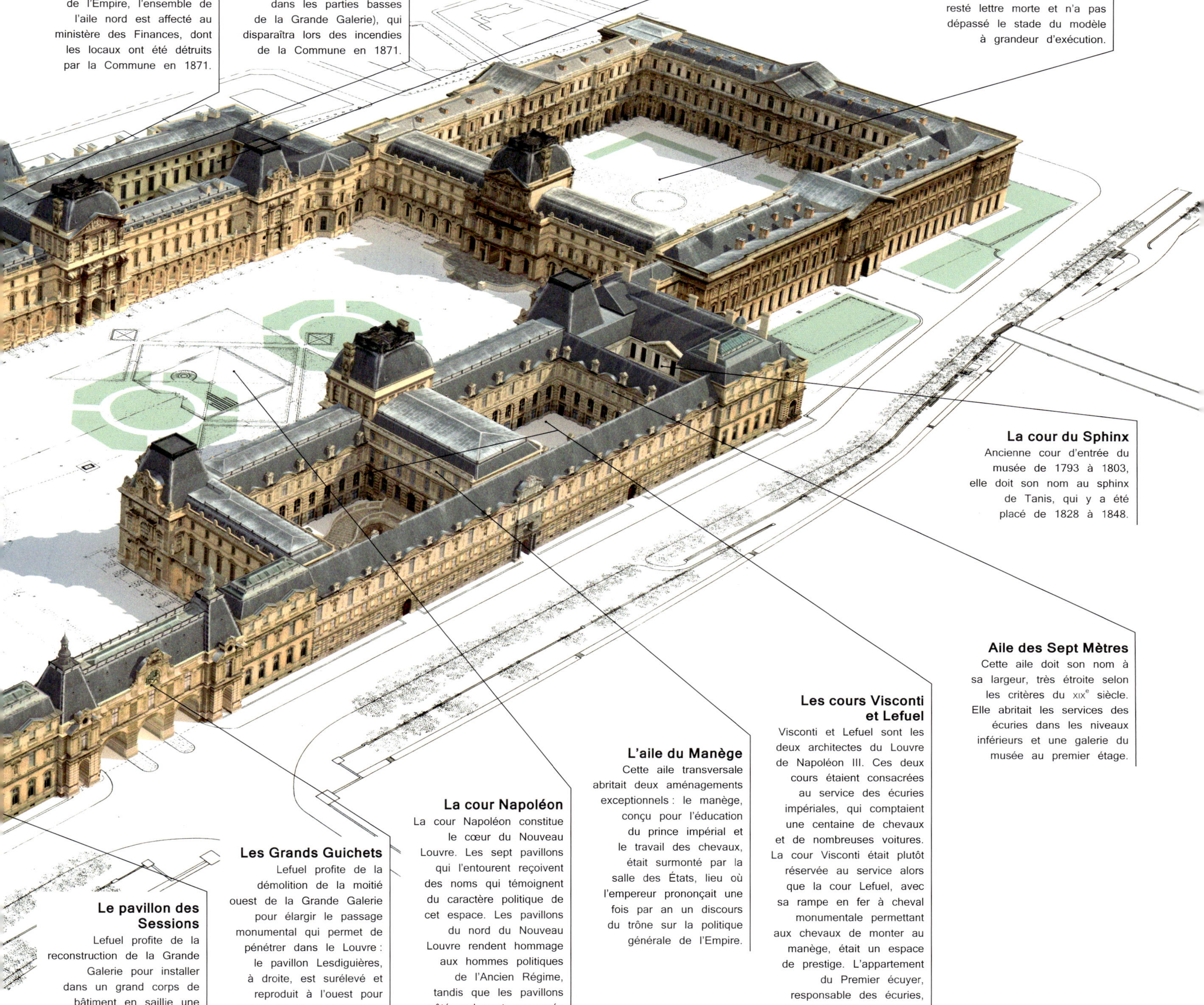

La cour du Ministre
Cette cour dessert le grand appartement et les services du ministre d'État, chargé des relations entre le gouvernement et les corps législatifs et de la politique de prestige de la Cour impériale. Après la chute de l'Empire, l'ensemble de l'aile nord est affecté au ministère des Finances, dont les locaux ont été détruits par la Commune en 1871.

L'aile de la Bibliothèque
Cette aile abrite au rez-de-chaussée un grand passage pour voitures et piétons qui dessert à la fois les cours du ministère d'État et la cour Napoléon. Le premier étage est dévolu à la Bibliothèque impériale (jusqu'alors logée dans les parties basses de la Grande Galerie), qui disparaîtra lors des incendies de la Commune en 1871.

La caserne de l'Oratoire
La cour la plus petite sert pour une caserne, qui doit son nom à l'église voisine de l'Oratoire. Elle abritait environ trois cents hommes et une écurie.

La cour Carrée
Elle a été restaurée par Félix Duban, qui a mis en place un éclairage public et des plates-bandes engazonnées. Le projet d'une statue équestre de François Ier au centre de la cour, confié à Clésinger, est resté lettre morte et n'a pas dépassé le stade du modèle à grandeur d'exécution.

La cour du Sphinx
Ancienne cour d'entrée du musée de 1793 à 1803, elle doit son nom au sphinx de Tanis, qui y a été placé de 1828 à 1848.

Aile des Sept Mètres
Cette aile doit son nom à sa largeur, très étroite selon les critères du XIXe siècle. Elle abritait les services des écuries dans les niveaux inférieurs et une galerie du musée au premier étage.

Les cours Visconti et Lefuel
Visconti et Lefuel sont les deux architectes du Louvre de Napoléon III. Ces deux cours étaient consacrées au service des écuries impériales, qui comptaient une centaine de chevaux et de nombreuses voitures. La cour Visconti était plutôt réservée au service alors que la cour Lefuel, avec sa rampe en fer à cheval monumentale permettant aux chevaux de monter au manège, était un espace de prestige. L'appartement du Premier écuyer, responsable des écuries, le général Fleury, ouvrait également sur cette cour, qui n'a reçu son nom actuel qu'après la mort de Lefuel en 1880. Auparavant, elle était appelée cour Caulaincourt, du nom de l'un des généraux de Napoléon Ier mort durant la campagne de Russie.

L'aile du Manège
Cette aile transversale abritait deux aménagements exceptionnels : le manège, conçu pour l'éducation du prince impérial et le travail des chevaux, était surmonté par la salle des États, lieu où l'empereur prononçait une fois par an un discours du trône sur la politique générale de l'Empire.

La cour Napoléon
La cour Napoléon constitue le cœur du Nouveau Louvre. Les sept pavillons qui l'entourent reçoivent des noms qui témoignent du caractère politique de cet espace. Les pavillons du nord du Nouveau Louvre rendent hommage aux hommes politiques de l'Ancien Régime, tandis que les pavillons côté sud sont consacrés aux grands serviteurs du premier Empire. Quant au pavillon de l'Horloge qui domine la cour Carrée, il est rebaptisé du nom de Sully, le grand ministre d'Henri IV.

Les Grands Guichets
Lefuel profite de la démolition de la moitié ouest de la Grande Galerie pour élargir le passage monumental qui permet de pénétrer dans le Louvre : le pavillon Lesdiguières, à droite, est surélevé et reproduit à l'ouest pour former un second pavillon, dit La Trémoille (du nom de deux importants militaires de l'Ancien Régime). Entre les deux, trois larges arcades facilitent la circulation. Ces Grands Guichets correspondent à un vaste projet inabouti, celui d'une circulation nord-sud par l'avenue de l'Opéra, le pont du Carrousel qui devait être élargi et la rue de Rennes.

Le pavillon des Sessions
Lefuel profite de la reconstruction de la Grande Galerie pour installer dans un grand corps de bâtiment en saillie une nouvelle salle des États plus proche des Tuileries. Le rez-de-chaussée était réservé à des écuries dites de l'En-Cas, pour les besoins immédiats de la famille impériale. Ces écuries étaient organisées autour d'une cour couverte placée dans le bâtiment. Afin d'éviter les confusions avec la salle des États du Nouveau Louvre, il a été décidé dans les années 1980 de parler de « sessions » parlementaires pour désigner ce pavillon.

Le grand chantier du Nouveau Louvre

Le Nouveau Louvre est l'œuvre de deux architectes, qui restent chargés des travaux jusqu'à leur mort. Visconti, nommé en janvier 1852, conçoit le projet et exécute les fondations ainsi qu'une partie du rez-de-chaussée, avant de mourir en décembre 1853. Son successeur, Lefuel, qui ne s'éteint qu'en 1880 et survit à l'Empire, n'est pas un suiveur, bien au contraire. Il modifie en profondeur les proportions, les distributions et la décoration imaginées par son prédécesseur.

Le projet de Visconti, qui a connu un processus de validation complexe, a fait l'objet de quatre présentations entre 1848 et 1852. Si le plan, habile compromis entre les cours multiples dessinées par son maître Percier et la volonté d'un vaste espace monumental unique entre le Louvre et les Tuileries, n'a pas subi de changement majeur, les façades ont suscité bien plus de débats. La grande et calme élévation imaginée en 1848, nourrie de références au Vieux Louvre si subtiles qu'elles en étaient devenues méconnaissables, a peu à peu cédé à un pastiche historiciste qui reprend la façade extérieure de la cour Carrée, marquée par l'opposition entre de hauts pavillons avec des dômes et des corps de bâtiment plus bas.

Lefuel, tout en conservant cette silhouette générale, modifie la répartition des étages, privilégiant ainsi la distribution intérieure sur la monumentalité que Visconti avait préservée jusqu'au bout. Il se laisse par ailleurs en partie déborder par une sculpture de plus en plus proliférante. Dans la cour principale, quatre-vingt-six grands hommes qui ont fait la France (hommes de lettres et de sciences, les militaires étant réservés aux niches de la rue de Rivoli) ornent le premier étage. Sur les balustrades, des enfants joufflus incarnent la chasse, la pêche, le commerce ou encore l'industrie, dans un joyeux désordre iconographique qui s'explique par la rapidité du chantier et par la primauté du geste décoratif sur l'intention signifiante. L'hétérogénéité est aussi celle des sculpteurs : les tenants du classicisme, comme Simart ou Duret, membres de l'Institut, auxquels on donne d'ailleurs les frontons, cohabitent avec les grands romantiques, tel Préault, qui triomphe avec les grands massifs de pierre sculptée illustrant la Guerre et la Paix, en couronnement des angles de la cour. La jeune génération n'est pas oubliée et Carpeaux, avec sa figure souriante de Flore, placée au sommet du pavillon du même nom, livre l'une des sculptures les plus modernes du Nouveau Louvre.

Les façades en pierre, les toitures en ardoise et la grande sculpture ne doivent pas faire oublier la modernité cachée du Nouveau Louvre. C'est d'abord une logistique très stricte qui veille à l'approvisionnement minutieux du chantier, de jour et de nuit, ainsi que sur la vie des milliers d'ouvriers présents sur les échafaudages. C'est aussi le triomphe du métal, notamment dans les planchers et les charpentes. Des ingénieurs des chemins de fer font d'ailleurs partie de l'équipe réunie par Visconti.

Antoine Louis Barye, *Modèle pour La Force*, 1856-1857
Les groupes du sculpteur Barye, placés aux angles des deux principaux pavillons de la cour Napoléon, sont des allégories qui font dialoguer une figure masculine juvénile assise, un enfant et un animal emblématique. La complexité des poses permet de multiplier les vides et les effets de transparence, tandis que la puissance synthétique des anatomies annonce déjà la sculpture de la fin du XIXe siècle.

Ci-dessous, en bas
Louis Visconti et Ulysse Trélat, *Premier projet pour le Nouveau Louvre*, 1848
La longue et majestueuse horizontale imaginée par Visconti se serait opposée au grand jeu de l'ordre colossal du côté du Carrousel et aux volumes à hautes toitures de la cour Carrée. Dans le détail, cette architecture qui paraît résolument moderne est néanmoins un bel hommage aux fondateurs du Louvre : c'est la Petite Galerie qui offre le modèle des arcades du rez-de-chaussée, l'avant-corps central des Tuileries qui sert de référence aux niches et l'art de Goujon qui est convoqué pour les branches de laurier croisées entre les colonnes du premier étage.

Ci-dessous, en haut
Louis Visconti, *Troisième projet pour le Nouveau Louvre*, 1852
Dans ce dernier projet, selon la formule de Rodolphe Pfnorr, « le caractère et la nouvelle architecture seront empruntés religieusement au vieux Louvre, tous les détails sont déjà moulés et l'architecte se plaît à faire abnégation de tout amour-propre pour conserver à ce monument le caractère que ses devanciers lui ont imprimé ». Plusieurs éléments du projet de Visconti sont néanmoins remis en question par son successeur Hector Lefuel, qui ajoute un étage attique à la composition et enrichit la part de la sculpture.

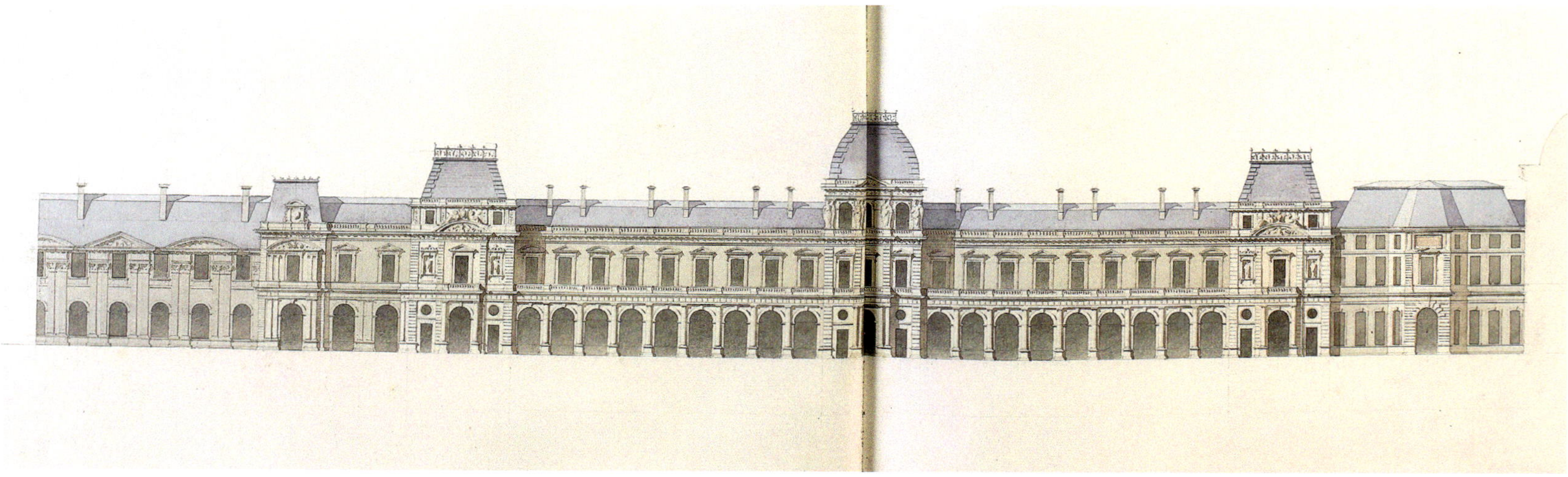

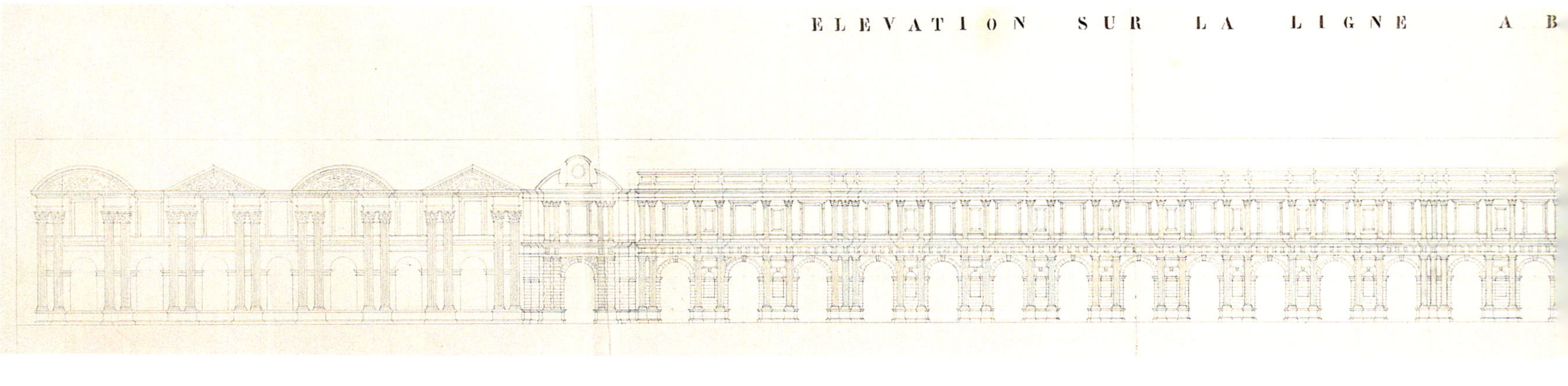

Ci-dessus, de gauche à droite

Édouard Baldus, *Chantier de l'aile nord du Nouveau Louvre*, 1854

Édouard Baldus, photographe officiel du Nouveau Louvre, a été recruté par Lefuel pour enregistrer l'image des innombrables modèles préparatoires à la sculpture du Louvre, mais aussi pour rendre compte des avancées du chantier. Cette vue panoramique, issue du montage de deux clichés, montre l'aile nord du Nouveau Louvre. Au fond, les bâtiments sur la rue de Rivoli sont déjà achevés et l'on peut voir, de gauche à droite, l'échafaudage qui servira à édifier le pavillon Turgot et l'aile en retour, la façade de la cour du Ministre et, sur la droite, les arrachements de l'aile de la Bibliothèque. Au premier plan, les baraques du chantier et les blocs de pierre entassés rappellent que les travaux du Nouveau Louvre s'effectuaient dans un espace contraint.

Léon et Lévy, *Façade du pavillon de Flore en cours de démolition*, 1861

La démolition de la Grande Galerie et du pavillon de Flore s'est échelonnée du 21 juillet au 3 novembre 1861 et le photographe Édouard Baldus en a laissé un reportage semaine après semaine. Sur ce cliché tiré du fonds de l'agence Léon et Lévy, la Grande Galerie est déjà abattue et laisse voir, au fond, la galerie Neuve sur la rue de Rivoli. La charpente du pavillon désaffecté est en cours de démolition.

Ci-contre, de haut en bas

Édouard Baldus, *Modèle du fronton du pavillon Denon*, 1855

Confié au sculpteur Simart, il s'agit de l'un des trois grands frontons de la cour Napoléon. Son emplacement est stratégique puisqu'il est situé en face du passage Richelieu, voie d'entrée principale dans le Nouveau Louvre depuis la place du Palais-Royal. Il est donc tout naturellement consacré à Napoléon III, entouré de nombreuses allégories. De gauche à droite, on reconnaît l'Industrie avec un marteau, le Commerce sous la forme du dieu Mercure, la France (offrant la couronne à l'empereur), la Religion, puis, à droite de Napoléon III, la Prospérité avec sa corne d'abondance, la Paix avec son rameau d'olivier et les Arts.

La rampe de la cour Lefuel

Cette rampe qui permet aux chevaux de monter depuis la cour vers le manège est un bon exemple de l'éclectisme de Lefuel : le garde-corps en pierre est copié sur celui du grand escalier en fer à cheval de Fontainebleau, bâti du temps de Louis XIII, tandis que les poignants groupes en bronze s'inspirent des combats d'animaux imaginés pour le parc de Versailles du temps de Louis XIV. La sculpture animalière est très présente dans le Nouveau Louvre et Rouillard, auteur des groupes de la cour Lefuel, s'est imposé comme l'un des plus importants créateurs dans ce domaine.

Double page suivante

Édouard Baldus, *La cour Napoléon*, vers 1857-1858

Cette photographie montre la cour Napoléon, nouveau centre du Louvre, mais aussi, au fond derrière les petits arbres, la façade bâtie du temps des rois. Elle présentait une austérité qui convenait à sa situation d'origine sur une cour de service, mais qui ne correspondait plus à l'opulence du style de Lefuel. Aussi l'architecte l'a-t-il profondément transformée. Au premier étage, des fenêtres ont été bouchées et de fausses fenêtres ont été incrustées pour donner à l'élévation un rythme régulier. Les arcades plaquées assurent la continuité visuelle avec les portiques couverts du Nouveau Louvre et servent de support au cortège des grands hommes. Une nouvelle façade en maçonnerie a été collée contre le pavillon existant pour permettre un riche programme sculpté, qui reprend en particulier les cariatides situées du côté de la cour Carrée.

Le théâtre de la cour impériale

Derrière le décor grandiose et uniforme des façades se cachent de multiples usages, dont la définition évolue d'ailleurs au cours du projet. Dans les mois qui suivent le coup d'État de 1852, le Louvre est conçu comme un véritable camp militaire, avec son télégraphe, son ministère de la Police, sa cavalerie et ses casernes. Dès 1853, le parti a changé. Il faut désormais accueillir la cour impériale et son service, en particulier de vastes écuries et un manège. Il faut aussi une salle des États pour permettre, une fois par an, le grand discours de politique de l'empereur devant les corps constitués.

Alors que Visconti avait systématiquement délégué les projets de décoration intérieure, Lefuel se révèle au contraire un maître en la matière. Il puise dans la grammaire des styles anciens en fonction de la nature des espaces qu'il doit décorer. Le Louis XV, dont on fait soigneusement mouler les meilleurs exemples à Versailles et à l'hôtel de Soubise à Paris, est réservé aux lieux intimes, alors que le grand style du Roi-Soleil, avec ses pilastres, ses ors et ses plafonds peints, triomphe dans les pièces de réception. Des techniques modernes permettent d'optimiser la mise en œuvre : le carton-pâte plutôt que le bois sculpté et la galvanoplastie, une technique de moulage par électrolyse, plutôt que le fer forgé.

Lefuel fait d'abord la preuve de sa maîtrise dans les appartements bâtis entre 1856 et 1861 au moyen d'une extension sur le portique et la terrasse de l'aile sud des Tuileries. Chez l'empereur à rez-de-chaussée, où il s'agit de pièces de gouvernement, le style est simple, avec des murs tendus de tissu qui accueillent des portraits de famille et de grands plafonds blancs à la voussure rehaussée d'or. Chez l'impératrice, au premier étage, l'architecte concilie les exigences de la maîtresse des lieux, fascinée par la reine Marie-Antoinette, avec des références au style Louis XV, ce qui donne naissance à une célèbre enfilade de trois salons, vert, rose et bleu, laquelle est apparue comme un manifeste du Second Empire.

Si les décors des Tuileries ont disparu, ceux du Louvre permettent d'apprécier le savoir-faire de l'architecte. Les dispositifs modulables permettent d'accueillir les centaines d'invités de la « fête impériale » : chez le directeur des musées, le grand cabinet pouvait ouvrir sur le salon des pastels voisins et se transformer en scène de concert ou de spectacle, disposition reprise chez le ministre d'État.

Dans le musée, dirigé par Émilien de Nieuwerkerke, figure en vue de la cour de Napoléon III, Lefuel s'inscrit dans la ligne de l'esthétique de Duban, mais réintroduit pour les pièces d'apparat les peintures plafonnantes, confiées au peintre Charles Louis Muller.

Le Louvre est surtout un conservatoire de grands escaliers, où Lefuel constitue un véritable genre codifié. La partie basse de la cage, qui reste opaque, permet aux volées de marches protégées par un garde-corps ajouré en métal de se déployer sans contrainte. La lumière tombe des fenêtres ménagées en partie haute, emplacement privilégié d'un décor où polychromie des matériaux, peinture et sculpture sont convoquées pour produire une symphonie aux riches accents.

Jules Gaildrau, *Ouverture de la session législative dans la salle des États*, 1859
Le décor de la salle des États, curieusement enclavée au milieu des salles du musée, est confié au peintre Charles Louis Muller. La voûte est l'un des rares cas de programme iconographique complexe chez Lefuel. Plus qu'un hymne au régime en place, le plafond semble peindre une épopée où la religion catholique joue un rôle central. Les allégories de la Paix et de la Guerre sont représentées par Clovis et sainte Geneviève ; un côté entier de la salle est consacré à la vie spirituelle (avec des prophètes, des saints et des croisés) ; quant à la vie matérielle, elle comprend également des allusions religieuses, comme la Vierge à l'Enfant tenue par la Sculpture.

Ci-dessus
Hector Lefuel, *Le Salon vert*, 1856
Première grande pièce des nouveaux appartements de l'Impératrice, le Salon vert était orné de grands miroirs qui reflétaient la vue sur le jardin. Le style de ce salon est parfois qualifié de « Louis XVI-Impératrice », mais il s'agissait en réalité, selon le mot d'un commentateur de l'époque, « d'un prolongement et d'une adaptation des styles antérieurs aux besoins de la seconde moitié du XIXe siècle ».

Ci-contre
Le grand salon de l'appartement du Ministre d'État
La cheminée de style Louis XV cohabite avec les pilastres et les portes à fronton du Grand Siècle copiés sur l'appartement de parade des Tuileries. Le grand salon ouvre à droite sur le « salon théâtre » par un véritable rideau de scène et les deux pièces peuvent être converties en salle de spectacle. Au-dessus, une toile escamotable permet de dévoiler une tribune de musiciens, pour les bals ou la musique d'ambiance.

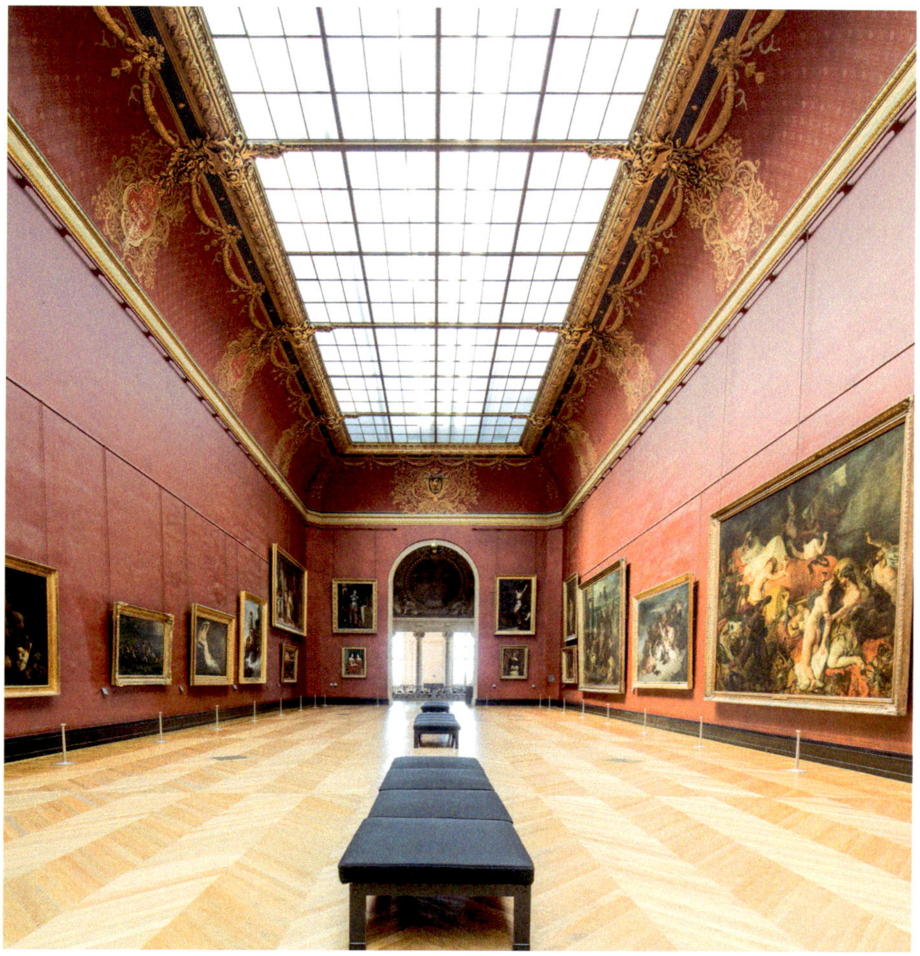

Tout en haut, à gauche

La galerie Daru

Bâtie dans le Nouveau Louvre pour servir de galerie de sculpture, elle est entièrement minérale. L'ornement vient à la fois du riche sol de marbre et du jeu savant de l'appareillage des voûtes, dans lequel Lefuel excellait. Sur ce point, il rend hommage à l'esthétique de son prédécesseur Fontaine, quoique sur un registre nettement plus monumental.

En haut, à gauche

Blanchar, *Le manège des écuries*, 1860

La présence de colonnes est surprenante dans un manège pour les chevaux mais s'explique par le fait qu'il était surmonté par la grande salle des États. Visconti avait imaginé de lancer des poutres métalliques de grande portée, mais celles-ci ont immédiatement donné des signes de faiblesse. Lefuel les a donc remplacées par des voûtes portées par ces colonnes et a utilisé cette contrainte pour mettre en place d'extraordinaires chapiteaux ornés d'animaux sauvages et domestiques.

En haut, à droite

La salle Mollien

Au-dessus des galeries de sculpture du Nouveau Louvre, deux salles éclairées par de larges verrières sont destinées à la peinture. On y retrouve la chaude polychromie de Duban ; le décor de la profonde voussure a cependant été simplifié, sans doute pour des raisons d'économie et de rapidité de mise en œuvre ; il comporte des médaillons peints entourant les noms de célèbres artistes français du Moyen Âge au début du XIXe siècle, le tout sur un semé d'abeilles, symbole de l'empereur.

En bas, à gauche

L'escalier du Ministre

En partie haute de la cage, une galerie relie entre elles les deux parties des appartements privés du ministre d'État, et forme aussi un véritable balcon de théâtre permettant de contempler la montée des invités. Les colonnes en brèche jaune, les panneaux de marbre, les portes en noyer, les grands tableaux montrant des vues du jardin des Tuileries et la dorure du lustre et de la rampe créent une diversité de couleurs chatoyante. Le dessin des chapiteaux témoigne de l'inventivité de Lefuel par rapport au langage codifié des ordres d'architecture.

En bas, à droite

L'escalier de la Bibliothèque

Cet escalier, fruit d'un repentir en cours de chantier, fait exception aux règles que Lefuel a instituées pour les escaliers d'apparat. Les volées de plan complexe envahissent toute la cage et l'éclairage est assuré essentiellement par des verrières zénithales. Renonçant aux ordres, Lefuel fait filer les lignes d'angle, délicatement rehaussées d'ornements en perles, jusqu'au sommet des voûtes, selon une esthétique souple et fluide très remarquable.

Le musée de la République

Alors que les nombreuses révolutions du XIXe siècle avaient toujours épargné le Louvre et les Tuileries, les profondes divisions qui fissurent le pays finissent par les atteindre. En mai 1871, la Commune de Paris, mouvement éphémère, populaire et utopique, en pleine déroute face aux armées bourgeoises du Gouvernement provisoire instauré après la chute de l'Empire, décide de la destruction par le feu de la Bibliothèque impériale du Louvre et surtout du palais des Tuileries, symbole du pouvoir autoritaire. La Troisième République, qui s'impose au cours des années 1870, valide son geste en décrétant en 1882 l'élimination définitive des vestiges. À peine achevé, le Grand Dessein perd donc son sens avec la démolition du palais des Tuileries.
Avec le recul, cette amputation s'avère une opportunité qui permet au palais de s'ouvrir à nouveau sur la ville et sur le jardin des Tuileries. La disparition du pouvoir n'entraîne pas le départ des grandes administrations (le ministère des Finances occupe ainsi toute l'aile nord du Nouveau Louvre), mais leur présence ne saurait suffire à donner un sens au Louvre. Cette mission incombe désormais au musée.

Durant la Belle Époque, le musée, en dépit d'un contexte financier peu favorable, parvient à se développer, grâce à la générosité de grands donateurs et à une meilleure organisation : de cette période datent la division en départements qui est encore en vigueur aujourd'hui, la Société des Amis du Louvre, l'École du Louvre et la Réunion des musées nationaux, qui gère les recettes et les crédits d'acquisition. D'un point de vue architectural, l'esthétique riche et polychrome de Lefuel domine toujours.
Un profond changement se fait jour dans les années 1920, sous l'action énergique du directeur des Musées nationaux Henri Verne, qui lance un vaste plan de remise à niveau et d'achèvement. Il faut rationaliser la répartition des collections dans le palais, les hiérarchiser en opposant un parcours principal autour des chefs-d'œuvre et des galeries d'étude plus spécialisées, et enfin offrir au public de nouvelles commodités. La lumière électrique fait son apparition et révolutionne la présentation. Les architectes Camille Lefèvre puis Albert Ferran inventent une nouvelle esthétique, dépouillée, aérée et monumentale, en sacrifiant la polychromie et la riche sculpture de la Belle Époque. Des murs en faux appareil de pierre avec de grandes voûtes évoquent le Grand Siècle, mais trahissent aussi une esthétique dont on trouvera un pendant dans les régimes fascistes de l'époque.
Interrompu par la guerre, le « plan Verne » est repris mais infléchi après 1945, dans une période d'incertitude idéologique, marquée, à partir des années 1960, par les interventions politiques du nouveau ministre nommé pour s'occuper de la culture, André Malraux. Faut-il présenter les tableaux en les classant par écoles nationales ou préférer d'autres approches, qui mettraient en valeur de grands collectionneurs ou privilégieraient des courants internationaux ? La muséographie doit-elle chercher à évoquer le contexte d'origine de l'œuvre, quitte à ressembler à un décor factice, ou bien au contraire adopter un langage moderne et s'ouvrir sur le design ? Malraux, désireux de mettre en lumière l'art de son temps, dispose dans les jardins les plantureuses figures féminines du sculpteur Maillol, en sacrifiant une partie de la sculpture de la fin du XIXe siècle, dont il n'est pas amateur. Mais il fait aussi œuvrer à la restitution des fossés de la Colonnade, témoignage de sa sensibilité à la dimension de monument historique du palais.

Jean-Louis Meissonnier, *Les ruines du palais des Tuileries*, 1871
Le palais, méthodiquement incendié par les communards, qui y ont répandu pétrole et poudre, brûle pendant plus de vingt-quatre heures, perte irréparable pour l'art français. Le devenir des ruines suscite pendant onze ans un débat passionné sur la possibilité et l'opportunité d'une reconstruction. Il s'agit d'un terrain d'expérimentation du parlementarisme naissant où cohabitent avis d'experts, idéologies antagonistes monarchistes et républicaines… sans exclure les arrière-pensées opportunistes. Officiellement, la destruction devait permettre la reconstruction d'un palais moderne qui n'a finalement jamais vu le jour.

Ci-contre
Louis Béroud, *La salle Rubens*, 1904
Œuvre de l'architecte Gaston Redon, frère du peintre Odilon, le décor de cette salle (aujourd'hui détruit) est le chant du cygne du grand style inventé par Lefuel. L'intention décorative a été jugée plus importante que la présentation logique du cycle, en partie éclaté dans la pièce voisine et remonté dans le désordre. Les cadres de stuc doré et les murs rouges imitant le cuir gaufré cherchent à produire un effet de richesse digne des tableaux qu'ils entourent.

Page de droite
Le plafond Braque
Commandés en 1951, les grands oiseaux de Braque ont remplacé les toiles exécutées par le peintre Blondel sous la Restauration. Ils s'insèrent dans les boiseries de l'antichambre du Roi, qui remontent au règne d'Henri II mais ont été complétées sous Louis XIV. Il s'agit de la dernière grande commande d'art contemporain au sein du musée, pratique qui s'est ensuite interrompue puis a été reprise par Henri Loyrette, le président-directeur du Louvre, avec trois commandes à Anselm Kiefer, François Morellet et Cy Twombly.

En haut, de gauche à droite

Le grand escalier de la Victoire de Samothrace, 1932 et 1934

Le gros œuvre de l'escalier, mené à bien par Lefuel sous le second Empire, reçoit son premier décor, à partir de 1883, sur des dessins du peintre Jules Eugène Lenepveu, dans un contexte de promotion de l'atelier de mosaïque installé à Sèvres. Les couleurs vives et chatoyantes de ces mosaïques, qui transforment la Victoire de Samothrace en une « star de music-hall » au milieu d'un « feu de Bengale rose », suscitent une telle réprobation que le programme est interrompu avant d'être achevé. Les sculptures qui entourent la Victoire de Samothrace sont des moulages, caractéristiques d'une volonté pédagogique de fournir au visiteur une vision encyclopédique de l'art antique. En 1934, Albert Ferran dissimule les mosaïques déjà exécutées derrière un papier peint en fausse pierre, repense le dessin chantourné des verrières et crée le garde-corps rectiligne en métal, assurant ainsi le triomphe de son esthétique épurée.

Au milieu, de gauche à droite

La cour du Sphinx

C'est la première cour couverte de l'histoire du Louvre. À l'occasion des travaux du plan Verne, elle est également excavée de façon à créer un grand amphithéâtre en sous-sol destiné à l'École du Louvre. Ces deux opérations annoncent les transformations entreprises pour moderniser le palais à partir des années 1980.

La grande nef des Arts décoratifs

Entreprise par Lefuel en vue de l'installation de la cour des Comptes, la grande nef a été achevée par Gaston Redon pour accueillir les collections de l'Union centrale des Arts décoratifs, qui s'y trouve toujours aujourd'hui. Avec le jeu des voûtes percées par des oculi et la présence subtile de la sculpture, elle témoigne de la fidélité de Redon à l'esthétique de Lefuel.

Le Salon carré réaménagé

Après 1945, le rôle de l'architecte du palais du Louvre décroît et le département des Peintures n'hésite pas à faire appel à des décorateurs ou à des designers extérieurs. C'est le cas de Charles Moreux au début des années 1950 et d'une équipe réunie autour de Pierre Paulin dans les années 1970. Celle-ci réaménage le Salon carré en imaginant la cimaise qui semble flotter devant le mur et qui se retourne par des courbes, l'éclairage par une grande rampe continue et les nouveaux canapés en mousse revêtue de velours.

Aujourd'hui

Le « Grand Louvre » est le nom d'un projet de transformation global du palais lancé par le président François Mitterrand en 1981. La pyramide de verre, édifiée au centre de la cour Napoléon pour servir de nouvelle entrée centralisée au musée, est devenue le symbole emblématique de ce projet, mais il s'agit en fait de la partie émergée d'une opération beaucoup plus vaste mise en œuvre en trois étapes. Après la définition du programme et des fouilles archéologiques, la Pyramide et le réseau de circulation en sous-sol qui l'accompagne sont mis en œuvre entre 1986 et 1989. L'espace commercial souterrain du Carrousel et le réaménagement de l'aile nord du Nouveau Louvre, occupée par le ministère des Finances jusqu'en 1989, sont ouverts au public en 1993. Le grand mouvement des œuvres et la nouvelle répartition des collections sont menés sous l'autorité de Michel Laclotte, directeur du département des Peintures devenu directeur du Louvre. Ces aménagements sont confiés au Sino-Américain Ieoh Ming Pei, qui écrit ainsi une nouvelle page, résolument moderne, de l'histoire architecturale du palais. De 1993 à 1997 enfin, les salles existantes sont à leur tour modernisées… mais une partie des travaux est ajournée et le département des Objets d'art n'ouvre ses nouveaux espaces qu'en 2014.
En 2010, un dernier aménagement, qui ne figurait pas dans le programme du Grand Louvre, vient encore modifier la physionomie du palais : l'édification d'une verrière dans la cour Visconti pour accueillir le nouveau département des Arts de l'Islam.

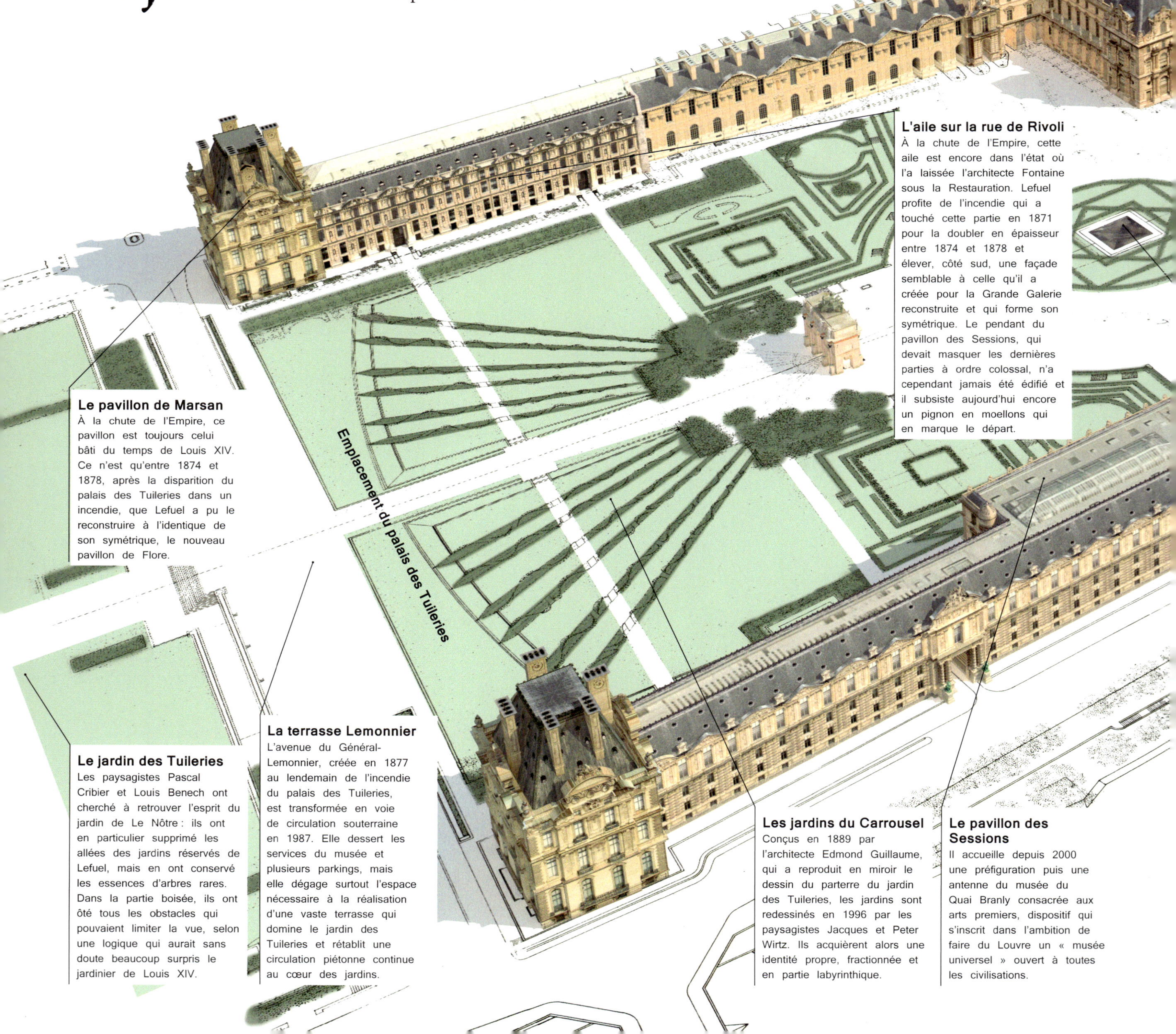

L'aile sur la rue de Rivoli
À la chute de l'Empire, cette aile est encore dans l'état où l'a laissée l'architecte Fontaine sous la Restauration. Lefuel profite de l'incendie qui a touché cette partie en 1871 pour la doubler en épaisseur entre 1874 et 1878 et élever, côté sud, une façade semblable à celle qu'il a créée pour la Grande Galerie reconstruite et qui forme son symétrique. Le pendant du pavillon des Sessions, qui devait masquer les dernières parties à ordre colossal, n'a cependant jamais été édifié et il subsiste aujourd'hui encore un pignon en moellons qui en marque le départ.

Le pavillon de Marsan
À la chute de l'Empire, ce pavillon est toujours celui bâti du temps de Louis XIV. Ce n'est qu'entre 1874 et 1878, après la disparition du palais des Tuileries dans un incendie, que Lefuel a pu le reconstruire à l'identique de son symétrique, le nouveau pavillon de Flore.

Le jardin des Tuileries
Les paysagistes Pascal Cribier et Louis Benech ont cherché à retrouver l'esprit du jardin de Le Nôtre : ils ont en particulier supprimé les allées des jardins réservés de Lefuel, mais en ont conservé les essences d'arbres rares. Dans la partie boisée, ils ont ôté tous les obstacles qui pouvaient limiter la vue, selon une logique qui aurait sans doute beaucoup surpris le jardinier de Louis XIV.

La terrasse Lemonnier
L'avenue du Général-Lemonnier, créée en 1877 au lendemain de l'incendie du palais des Tuileries, est transformée en voie de circulation souterraine en 1987. Elle dessert les services du musée et plusieurs parkings, mais elle dégage surtout l'espace nécessaire à la réalisation d'une vaste terrasse qui domine le jardin des Tuileries et rétablit une circulation piétonne continue au cœur des jardins.

Les jardins du Carrousel
Conçus en 1889 par l'architecte Edmond Guillaume, qui a reproduit en miroir le dessin du parterre du jardin des Tuileries, les jardins sont redessinés en 1996 par les paysagistes Jacques et Peter Wirtz. Ils acquièrent alors une identité propre, fractionnée et en partie labyrinthique.

Le pavillon des Sessions
Il accueille depuis 2000 une préfiguration puis une antenne du musée du Quai Branly consacrée aux arts premiers, dispositif qui s'inscrit dans l'ambition de faire du Louvre un « musée universel » ouvert à toutes les civilisations.

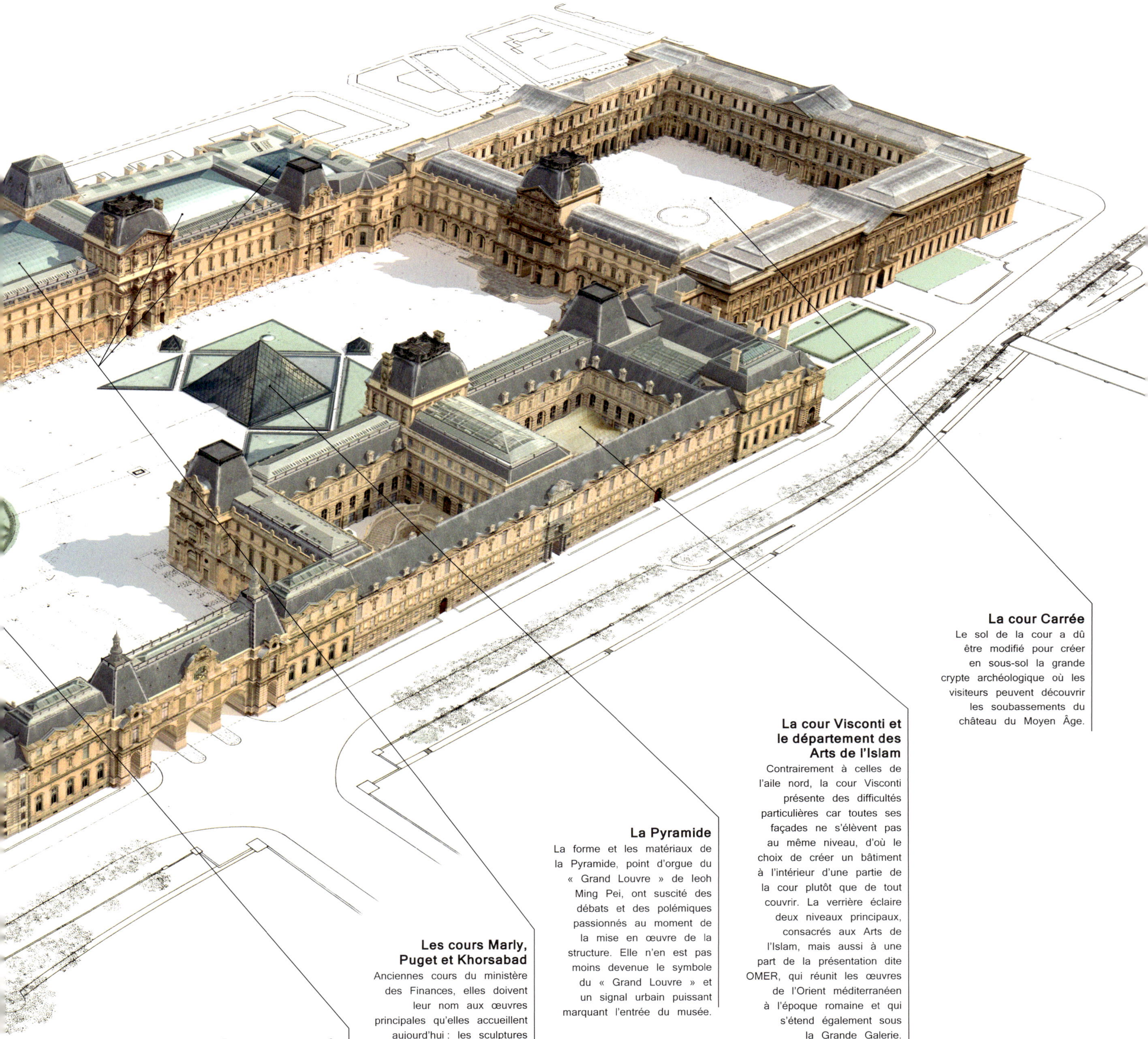

La cour Carrée
Le sol de la cour a dû être modifié pour créer en sous-sol la grande crypte archéologique où les visiteurs peuvent découvrir les soubassements du château du Moyen Âge.

La cour Visconti et le département des Arts de l'Islam
Contrairement à celles de l'aile nord, la cour Visconti présente des difficultés particulières car toutes ses façades ne s'élèvent pas au même niveau, d'où le choix de créer un bâtiment à l'intérieur d'une partie de la cour plutôt que de tout couvrir. La verrière éclaire deux niveaux principaux, consacrés aux Arts de l'Islam, mais aussi à une part de la présentation dite OMER, qui réunit les œuvres de l'Orient méditerranéen à l'époque romaine et qui s'étend également sous la Grande Galerie.

La Pyramide
La forme et les matériaux de la Pyramide, point d'orgue du « Grand Louvre » de Ieoh Ming Pei, ont suscité des débats et des polémiques passionnés au moment de la mise en œuvre de la structure. Elle n'en est pas moins devenue le symbole du « Grand Louvre » et un signal urbain puissant marquant l'entrée du musée.

Les cours Marly, Puget et Khorsabad
Anciennes cours du ministère des Finances, elles doivent leur nom aux œuvres principales qu'elles accueillent aujourd'hui : les sculptures du jardin de Marly de Louis XIV, les œuvres du grand sculpteur français Pierre Puget et les taureaux et les reliefs du palais de Khorsabad, capitale du roi assyrien Sargon II. Leur plan en trapèze et les grandes portées des deux cours ouest ont opposé un véritable défi technique à la conception de leurs couvertures en verre, œuvre de l'architecte Ieoh Ming Pei assisté par l'agence de Michel Macary.

La Pyramide inversée
Invisible en surface, la Pyramide inversée est située à l'intersection des deux galeries commerciales du Carrousel. Elle constitue le pendant de la Pyramide, située à l'autre extrémité de l'axe principal.

Un musée face au XXIe siècle

Il n'y a pas de date d'achèvement claire du « Grand Louvre », lancé en 1981, car ce qui était au départ conçu comme un nouveau plan de modernisation, suivant la philosophie de Verne, s'est révélé être le premier pas vers une nouvelle définition du musée. Le Louvre change d'échelle et le chiffre de deux millions et demi de visiteurs envisagés en 1986 est rapidement multiplié par trois. Par ailleurs, à partir de la présidence d'Henri Loyrette, le « Louvre » n'est plus seulement le nom d'un musée et d'un palais parisiens, mais une idée qui peut s'exporter ailleurs en France (à Lens) ou même à l'étranger (Abu Dhabi).

L'esthétique du Grand Louvre est celle de Pei. Elle se veut respectueuse du palais, nourrie de références à Le Nôtre et inscrite discrètement dans la trame historique du fait de ses proportions et du recours au verre. En réalité, il s'agit aussi d'une géométrie autonome, marquée en plan par l'emboîtement obsessionnel de carrés et en élévation par la répétition du thème de la pyramide, deux motifs qui donnent leur unité aux différents espaces. En plaçant la Pyramide à la croisée des grands axes de composition du Louvre de Napoléon III, Pei a par ailleurs bouleversé la logique du palais en venant bloquer les circulations piétonnes imaginées sous le second Empire. Avec la Pyramide et les cours de l'aile nord, le métal, auparavant toujours dissimulé, devient pour la première fois le matériau privilégié pour dessiner l'architecture, grâce au recours à des structures légères de câbles tendus. À l'intérieur, ce sont la pierre appareillée en placage et le béton beige qui triomphent et font le lien avec l'esthétique puriste des années 1930.

Au début des années 2000, alors qu'une partie du Grand Louvre reste encore à mettre en œuvre, le musée connaît une nouvelle métamorphose. Pour la première fois depuis sa création, il se développe en dehors du palais auquel il doit son nom pour s'implanter dans le nord de la France puis à l'étranger. Mais derrière une terminologie identique – on parle du Louvre-Lens et du Louvre-Abu Dhabi – se cachent deux projets de nature différente. Dans le premier cas, il s'agit de montrer autrement les collections du Louvre et de dynamiser une région placée stratégiquement, mais économiquement en difficulté. Dans le second, plusieurs grandes institutions culturelles françaises mettent en commun leur savoir-faire pour donner naissance à un nouveau musée créé *ex nihilo*. L'architecture rectiligne et presque immatérielle du Louvre-Lens et la résille du dôme protecteur d'Abu Dhabi témoignent de la diversité et du dynamisme de l'architecture des musées : il s'agit de nouvelles propositions en rupture avec la majestueuse symphonie officielle du palais parisien.

La Pyramide (vue aérienne)
Cette vue aérienne permet de saisir les formes qui structurent le langage de Pei : trois petits pyramidions, tournés de 45 degrés par rapport à la Pyramide principale, viennent scander l'espace ; quant au module carré, il se retrouve à toutes les échelles, du petit pavé de la cour jusqu'à l'emprise des bassins en passant par la forme des plots d'éclairage au sol.

Ci-dessus, à gauche
Le hall Napoléon
Les monumentales poutres en acier de 38 mètres de long qui portent la Pyramide et le belvédère du hall Napoléon sont dissimulées derrière un coffrage en béton blanc et la structure alvéolaire du plafond. Un jeu formel étudié oppose les lignes droites des escalators et la spirale de l'escalier qui s'enroule autour d'un ascenseur.

Ci-dessus, à droite
Le grand escalator Richelieu
Ieoh Ming Pei rivalise ici avec les grands escaliers de Fontaine et de Lefuel en jouant sur les oppositions : la linéarité des montées mécaniques en métal contraste avec les grands cercles percés dans les parois appareillées en pierre. L'architecte immerge par ailleurs le visiteur dans la lumière et n'hésite pas à jouer sur le vide.

Ci-contre
L'auditorium du Louvre
L'auditorium ne fait pas partie du programme défini à l'origine du Grand Louvre. D'une capacité de quatre cent vingt places, il a pu être réalisé grâce à la force géométrique du projet de la Pyramide, qui dégageait quatre espaces autour du carré du hall Napoléon, alors que seuls trois grands éléments programmatiques avaient été demandés : un restaurant, une librairie boutique et un accueil des groupes.

Ci-contre, de haut en bas

La cour Marly

L'un des buts de cette cour est de protéger un certain nombre de sculptures monumentales jusqu'alors exposées en extérieur. La lumière zénithale est filtrée par un système de déflecteurs tandis que le jeu des niveaux et des emmarchements permet de multiplier les points de vue sur les œuvres. Cette disposition a aussi offert l'occasion de décaisser les cours afin de communiquer avec la Pyramide en circulant en sous-sol du passage Richelieu.

Le département des Arts de l'Islam

La verrière ondoyante, œuvre des architectes Rudy Ricciotti et Mario Bellini, est un geste sans précédent dans l'histoire du Louvre : c'est la première structure libre conçue au sein du musée, dont la forme n'aurait pu être calculée sans l'outil informatique et dont la surface totale de 1 350 m², d'une grande légèreté, ne repose que sur huit points porteurs. Le mouvement de ce « voile » suspendu est calculé pour laisser libre la vue sur les façades historiques et en particulier sur la Grande Galerie d'Henri IV qui ferme le côté sud de la cour.

Ci-dessous, de gauche à droite

Le Louvre-Lens

Le Louvre-Lens est un édifice résolument moderne, dont la conception a été confiée à l'agence japonaise Sanaa. Le musée propose dans sa Galerie du Temps un principe de présentation qui serait impossible à Paris : oubliant les divisions par départements, les œuvres du Louvre, réunies en fonction d'un thème commun, dialoguent d'une époque à l'autre en suivant une trame chronologique.

Le Louvre-Abu Dhabi

Le projet du Louvre-Abu Dhabi est l'œuvre de l'architecte Jean Nouvel, qui s'est fait connaître par un bâtiment dans lequel il dialoguait déjà avec la culture musulmane : l'Institut du monde arabe à Paris. Le grand dôme du futur musée a l'apparence d'une résille qui filtre la lumière et la chaleur. Le musée qu'il recouvre est décomposé en de multiples volumes reliés par des passages et des places, comme dans les anciennes médinas. La mer pénètre largement au cœur de l'édifice, rappelant au visiteur qu'il se trouve sur l'île de Saadiyat.

Double page suivante

La Pyramide et la cour Napoléon

VILLON SULLY

Glossaire des termes techniques

Les indications données dans ce glossaire ne prétendent pas être des définitions générales. Elles ont été rédigées en fonction du contexte où les mots sont employés dans ce livre.

Attique : Étage placé au sommet d'un bâtiment, mais moins haut que les étages qui se trouvent en dessous.

Avant-corps : Partie formant un décrochement et une avancée sur une façade.

Bague : Élément cylindrique faisant partie du fût d'une colonne.

Barbacane : Petite construction placée devant une porte pour en défendre l'accès.

Bossage : Pierre saillante, généralement appliquée sur un angle, autour d'une fenêtre ou d'une porte pour produire un effet décoratif. Parfois, le bossage recouvre l'ensemble du mur.

Brèche : Pierre de couleur faite de l'agrégat de plusieurs éléments avec de nombreuses inclusions.

Broderie : Motif décoratif formé de droites et de lignes souples imitant des feuilles.

Cariatide : Sculpture représentant une femme et servant de support à un élément placé au-dessus.

Chambre de parement : Au Moyen Âge, chambre officielle généralement dotée d'un lit mais servant en réalité à recevoir.

Chantourné : Qualifie un motif travaillé avec de nombreuses courbes et contre-courbes, selon une subtilité jugée excessive.

Cimaise : Dans une salle de musée, partie du mur sur laquelle on accroche un tableau.

Classicisme : *Voir* Romantisme.

Courtine : Portion de mur ou de rempart placée entre deux tours.

Culot : Petit support qui soutient une partie en saillie placée au-dessus.

Entablement : *Voir* Ordre.

Fabrique : Petite construction de jardin.

Fausse pierre : Décor peint ou enduit imitant des pierres de taille séparées par des joints.

Garde-corps : Élément en pierre ou en métal placé le long d'un escalier pour empêcher celui qui l'emprunte de tomber dans le vide.

Lunette : Petite voûte percée dans une voûte plus grande, souvent pour dégager le haut d'une fenêtre ou d'une porte.

Oculus : Fenêtre de forme ronde.

Ordre d'architecture : Élément inspiré de l'Antiquité et comprenant une partie verticale (colonne ou pilastre) supportant une partie horizontale (appelée « entablement »). L'ordre peut avoir une fonction porteuse ou être purement décoratif. Le pilastre ou la colonne sont terminés par un chapiteau qui permet de distinguer plusieurs ordres :

- **ordre corinthien :** ordre où le chapiteau est orné de feuillages ;
- **ordre ionique :** ordre où le chapiteau est orné d'enroulements appelés « volutes » ;
- **ordre composite :** ordre où le chapiteau mélange les feuillages du corinthien et les volutes du ionique.

Ordre colossal : Ordre d'architecture où un unique support vertical fait toute la hauteur de la façade.

Pilastre : Support vertical plat formant un léger ressaut sur la maçonnerie et comprenant une base, un fût et un chapiteau. Le pilastre fait partie d'un ordre d'architecture.

Platelage : Structure faite d'un plancher et d'une charpente.

Poivrière : Toit de forme conique.

Ressaut : Petite saillie sur un mur.

Romantisme : Mouvement né au XIXe siècle qui a touché les arts et la littérature et s'est opposé au classicisme. Le romantisme entend explorer l'imaginaire et s'adresser à l'émotion alors que le classicisme revendique le primat de la raison et la référence à l'Antiquité.

Stuc : Mélange comprenant des poudres de pierre et de marbre de différentes couleurs et un liant de type plâtre. Ce matériau imite la pierre ou le marbre, mais il peut être moulé et modelé.

Table : Panneau en saillie sur un mur, souvent orné d'une plaque de marbre.

Tribune : Partie d'une pièce surélevée de quelques marches ou pouvant former un balcon intérieur et réservé à des personnages importants ou à des musiciens. En extérieur : construction temporaire pour des spectateurs à l'occasion d'une fête.

Volée : Dans un escalier, suite de marches continue. Les volées sont séparées entre elles par des paliers ou des repos.

Voussure : Surface cintrée placée à la jonction entre un mur et un plafond.

Crédits iconographiques

© ADAGP 2017 : p. 57b
© Archives nationales : p. 23hd, 27hg, 37h, 51m
© Archives Alinari, Florence, Dist. RMN-Grand Palais / Nicola Lorusso : p. 32
© Aristeas : p. 4-5, 8-9, 12-13, 14-15, 20-21, 24-25, 28-29, 32-33, 38-39, 42-43, 48-49, 58-59
© Ateliers Jean Nouvel, Artefactory, TDIC, Louvre Abu Dhabi : p. 61bd
© BHVP / Roger-Viollet : p. 50m
© BnF : p. 4, 11bd, p. 26m, 26b, 27b, 31b, 35b, 36b, 40h, 54h
© Kazuyo Sejima + Ryue Nishizawa / SANAA, tim Culbert + Celia Imrey / IMREY CULBERT, Catherine Mosbach, Muséographie : Studio Adrien Gardère Photographie © Musée du Louvre-Lens / Philippe Chancel : p. 61bg
© Les Arts Décoratifs : p. 31hd
© Paris, Les Arts Décoratifs / Philippe Chancel : p. 57mm
© Les Arts Décoratifs, Paris / Jean Tholance : p. 54bg
© Léon & Levy / Roger Viollet : p. 51hd
© Musée Carnavalet / Roger Viollet : p. 40b, 45mg
© Musée du Louvre : p. 40mg
© Musée du Louvre / Harry Bréjat : p. 41hg
© Musée du Louvre / département des Arts graphiques : p. 45hg
© Musée du Louvre / département des Objets d'art : p. 30b
© Musée du Louvre / dessin Guillaume Fonkenell et Marielle Pic : p. 3b
© Musée du Louvre / Angèle Dequier : p. 35h, 50-51, 57md, 60md, 60b
© Musée du Louvre / Philippe Fuzeau : p. 31mg
© Musée du Louvre / Histoire du Louvre : p. 3h, 3m, 47bd, 57hg, 57hd
© Musée du Louvre / Marc Jeanneteau : p. 35m
© Musée du Louvre / Antoine Mongodin : p. 51hg
© Musée du Louvre / Paul Maurer : p. 27hd, 55bd
© Musée du Louvre / Pierre Philibert : p. 10h, 17bd, 30m
© Musée du Louvre / Pierre Philibert © I. M. Pei / Musée du Louvre : p. 60mg
© Musée du Louvre / photo Godard : p. 10b
© Musée du Louvre / Étienne Revault : p. 47bg
© Musée du Louvre / droits réservés : p. 6b
© Musée du Louvre, dist. RMN-GP / Martine Beck-Coppola : p. 11bg
© Musée du Louvre, dist. RMN-GP / Olivier Berrand : p. 17bg
© Musée du Louvre, dist. RMN-GP / Franck Bohbot : p. 54bd, 55hd, 55hgh
© Musée du Louvre, dist. RMN-GP / Michel Denancé : p. 61h
© Musée du Louvre, dist. RMN-GP / Christophe Fouin : p. 34bd
© Musée du Louvre, dist. RMN-GP / Antoine Mongodin : p. 17h
© Musée du Louvre, dist. RMN-GP / Olivier Ouadah : p. 16m, 26h, 55bg, 62-63
© Musée du Louvre, dist. RMN-GP / Pierre Philibert : p. 18-19, 22h, 23hg, 46h
© Musée du Louvre, dist. RMN-GP / Étienne Revault : p. 34h
© Musée du Louvre, dist. RMN-GP / Philippe Ruault : p. 61m
© RMN-Grand Palais (château de Versailles) / Gérard Blot : p. 14, 28, 48
© RMN-Grand Palais (domaine de Chantilly) / René-Gabriel Ojéda : p. 11h
© RMN-Grand Palais (domaine de Chantilly) / Thierry Le Mage : p. 24h
© RMN-Grand Palais (domaine de Compiègne) / Daniel Arnaudet : p. 56h
© RMN-Grand Palais (Institut de France) / Mathieu Rabeau : p. 40md
© RMN-Grand Palais (maison Bonaparte) / Gérard Blot : p. 42
© RMN-Grand Palais (musée Carnavalet) / Jean-Gilles Berizzi : p. 37bd
© RMN-Grand Palais (musée d'Orsay) / image RMN-GP : p. 52-53
© RMN-Grand Palais (musée d'Orsay) / Hervé Lewandowski : p. 50h
© RMN-Grand Palais (musée du Louvre) / Michèle Bellot : p. 8
© RMN-Grand Palais (musée du Louvre) / Jean-Gilles Berizzi : p. 41hd, 45bg, 56b
© RMN-Grand Palais (musée du Louvre) / Philippe Fuzeau : p. 41b
© RMN-Grand Palais (musée du Louvre) / Hervé Lewandowski : p. 20, 46bg
© RMN-Grand Palais (musée du Louvre) / Stéphane Maréchalle : p. 47h
© RMN-Grand Palais (musée du Louvre) / Thierry Ollivier : p. 46bd
© RMN-Grand Palais (musée du Louvre) / Olivier Ouadah : p. 10mg, 10md
© RMN-Grand Palais (musée du Louvre) / Caroline Rose : p. 7h, 7b, 34bg
© RMN-Grand Palais (musée du Louvre) / Jean Schormans : p. 37bg
© RMN-Grand Palais (musée du Louvre) / Michel Urtado : p. 22mg
© RMN-Grand Palais (musée du Louvre) / Droits réservés : p. 57mg
© The State Hermitage Museum (Saint-Pétersbourg) : p. 44h
© The Trustees of the British Museum (Londres) : p. 16bg, 16bd, 22b, 23b
© Yann Arthus-Bertrand, ALTITUDE / © I. M. Pei : p. 60h
© Droits réservés : p. 6h, 16h, 30 hg, 30hd, 35b, 36h, 44b, 45hd, 45md, 51b, 55hgb, 58

Musée du Louvre

Jean-Luc Martinez
Président-directeur

Karim Mouttalib
Administrateur général

Valérie Forey-Jauregui
Administratrice générale adjointe

Anne-Solène Rolland
Directrice de la Recherche et des Collections

Néguine Mathieux
Chef du service de l'Histoire du Louvre
Direction de la Recherche et des Collections

Vincent Pomarède
Directeur de la Médiation et de la Programmation culturelle

Laurence Castany
Sous-directrice de l'Édition et de la Production

Violaine Bouvet-Lanselle
Chef du service des Éditions

Éditions Honoré Clair

Édition
Mathilde Béjanin

Maquette graphique
Hubert Naudeix, assisté d'Abel Cribier

Restitutions virtuelles
Hubert Naudeix, Marlène Faure

Relecture
Anne Chapoutot

Suivi de fabrication
Ton direct

Photogravure
Terre neuve

Achevé d'imprimer en avril 2017
sur les presses de l'imprimerie EBS à Vérone (Italie)

Dépôt légal : juin 2017
ISBN musée du Louvre : 978-2-35031-601-7
ISBN Honoré Clair : 978-2-918371-27-4

Éditions Honoré Clair
6, rue de la Roquette - 13200 ARLES
www.editions-honoreclair.fr

WATERS OF LIFE

THE RUSSIAN PAINTERS OF WATER

(1750–1950)

SUTHERLAND LYALL

Previous page:
Vasily Polenov
Lake Gennesaret, 1899
Oil on canvas, 52 x 87 cm
Russian Museum, St Petersburg

Publishing editor: Jean-Paul Manzo
Publishing assistants: Barbara Vignaux, Nathalie Meyer
Text: Sutherland Lyall
Design: Mary Hamlyn
Typesetting: Karin Erskine

Printed and bound in Europe 1999
ISBN 185995 567 3

WATERS OF LIFE

THE RUSSIAN PAINTERS OF WATER

(1750–1950)

Parkstone
PARKSTONE PRESS

Contents

WATER AND ITS SYMBOLISM

1. Arkadi Alexandrovitch
In the Blue Space, 1918
Oil on canvas, 109 x 152 cm
Tretyakov Gallery, Moscow

2. Kuzma Sergueievitch Petrov-Vodkin
The Bath of the Red Horse, 1912
Oil on canvas,
160 x 186 cm
Tretyakov Gallery,
Moscow

3. Valentin Serov
Bathing a Horse,
1905
Oil on canvas,
72 x 99 cm
Russian Museum,
St Petersburg

4. Jean Auguste Dominique Ingres
The Source, 1856
Louvre, Paris

Water is key to the formation of the world and human society. It is one of the four primeval elements from which, people once believed, the whole world was made. Water certainly was—and still is—the principal force whose eroding power forms the features of the land over eons of geological time. Today it separates the earth's continents from each other. The first human settlements were made near water, beside lakes, rivers and sea shores. According to various ancient beliefs, water once drowned the whole world, and then receded to allow humankind to make a fresh beginning.

Water is still used to baptise people into various religions. It is the giver of life and the bringer of death. Without it the human body survives for just two days. It irrigates food crops and yet it may impartially obliterate thousands of people in a single tsunami. Frozen as snow and ice, it vanquishes armies. As fog it can make even brave sea captains fearful.

Water embraces all extremes from limpid tranquillity to cataclysmic violence. It is therefore not surprising then that water has been a pervasive element in art, architecture and landscape design. It has been used to symbolise the source and sustenance of life.

5. Sandro Botticelli
The Birth of Venus, 1484
Tempera on paper,
172.5 x 278.5 cm
Offices Museum, Florence

It has served as a representation of nature's mysteries, as a physical barrier and boundary, and as sparkling decoration. Painters have been fascinated with its misty, reflective qualities, and its ability to underline and sometimes represent a whole range of emotions. As marsh and lake, mist and snow, puddle and ocean, waterfall and driving rain, deadly flood and slow moss-banked stream, it has an extraordinary diversity of forms. But because it is contained and defined by the very land it has shaped, it can never exist entirely in isolation. Water always needs a physical or metaphorical container: it can exist meaningfully only within a context. For these reasons, the representation of water in painting is most frequently as an element of nature, implying that it is best understood in terms of landscape painting.

But this is not exactly always the case because water is also frequently employed in a symbolic way. In Botticelli's *The Birth of Venus,*[5] for example, the iconography of the myth demands that the sea be present because that is where Venus has sprung from—although in terms of composition the sea serves as an almost heraldic background device.

6. Francesco Curradi
Narcissus at the Source, 1666–1667
Oil on canvas, 180 x 207 cm
Palazzo Pitti, Palatine Gallery, Florence

In the Curradi *Narcissus at the Source*,[6] it is only a small part of the painting and yet we know that it is the water that initiated the whole process which leads the young man in the most extreme of transformations from human to vegetable form. In the Curradi painting it is not only the water but also the landscape that is an adjunct to the painting of the main figure.

But it is in paintings of nature—landscapes or seascapes—that water is deployed most expressively, whether it is in the glowing landscapes of Claude Lorrain, or in a painting such as Arkhip Kuinji's *The Birch Grove*.[9] In this, scarcely differentiated from the meadow to each side, the stream is used as a compositional device to lead the viewer's eye into the centre of the painting to create the extraordinary sense of depth which astonished the artist's critics.

In the great range of sea paintings by the prolific Ivan Aivazovsky, it is significant that he chose the sea as the setting for his almost abstract *The Creation of the World*.[8] Here a mysterious red magma boils in the middle of an uncertain black cloud on the face of the water's seething vapour, with a febrile sun breaking through the cloud to cast a dim light on the heaving waters. This is God moving on the face of the Deep.

7. Francesco Albani
The Rape of Europa, c. 1630
Oil on canvas, 76.3 x 97 cm
Offices Museum, Florence

8. Ivan Aivazovsky
The Creation of the World, 1864
Oil on canvas, 196 x 233 cm
Russian Museum, St Petersburg

In Isaak Levitan's *Beginning of the Spring*,[12] three forms of water—cloud, river and snow—are (apart from the brown branches recently released from their icy covering) the sole visual components of a painting to do with awakening and, perhaps, regret. And there are, as we shall see, many other variations in the use of water that painters have developed.

Levitan, Kuinji and, in a different way, Aivazovsky painted water with a peculiarly Russian eye. They are as it happens painters of the second half of the nineteenth century and the early twentieth century. One of the reasons Russian paintings of waterscapes and landscapes are of a relatively late date is that from the beginning of the eighteenth century Peter the Great and almost all of his successors in that century forced the Old Russia into a western mindset. Russian art was entirely derivative of European models and at first largely filtered by a Prussian vision, because Peter had brought in masters from Germany to teach aspiring Russian artists the ways of the West. As a result, the nation's artists were encouraged to think of themselves as part of the European mainstream, and were given grants to live, observe and paint abroad for long periods of time. But at the beginning of the nineteenth century, with a new western interest in landscape and landscape painting, Russian artists began to both value and encourage the painting of nature, mountains and water.

At first this was landscape viewed through the filters of a western-trained eye and consisted mostly of idyllic European scenery. But by the end of the century, Russian painting of water and land had become to do with the Russian landscape and identifiably took on a uniquely Russian character.

9. Arkhip Kuinji
The Birch Grove,
1879
Oil on canvas,
97 x 181 cm
Tretyakov Gallery,
Moscow

What was it about Russia itself that focused the attention of so many of its painters on water?

The country has the Pacific Ocean to the far east, and to the west is the Baltic Sea, with its gateway St Petersburg and the naval port of Kronstadt. South is the warm Black Sea and the Caspian Sea, with their resorts and trading ports fed by the great, broad waterway of the River Volga, which bisects the country into the East and West Empire. To the north, beyond the great wastes of the Siberian tundra, are the cold seas that form the mostly frozen Arctic Ocean. During the long winter, as Napoleon and Hitler discovered to their cost, much of Russia is frozen over.

Russia is geographically defined by its water in all of its three physical states: vapour, liquid and translucent solid. The brutality, manic depression, melancholy and gloom, which in many ways seem to typify the Russian national character, surely stem from a collective agoraphobia engendered by the country's grim winter climate of rain, mists, fogs, snow and ice. This is of course an oversimplification, for the south of Russia has a relatively equable climate—as the paintings of Aivazovsky, who spent most of his life in the Crimea, nicely demonstrate. And the spring, summer and autumn could be delightful, as many of the painters of the late nineteenth century discovered.

10. Nicholas Roerich
Kissing the Earth
Set design for Act I of Igor Stravinsky's ballet *The Rite of Spring* (Diaghilev Company), 1912
Tempera on cardboard, 62 x 94 cm
Russian Museum, St Petersburg

But people need stereotypes, and the image of Russia held by foreigners and Russians alike has largely been of melancholy, tragedy and callous rawness among those frozen rivers; damp, fog-bound cities; and ice-locked seas.

Even before Peter the Great built his new capital on the Neva, Russia's rivers, lakes and seas had formed a crucial transport network for the pastoral and often nomadic Russian people. In the late nineteenth century, Russia was not only a huge country, but still an essentially rural empire in which the boundless forests and plains were criss-crossed by streams, rivers and lakes which were ever mobile. They changed shape and colour as the seasons changed. Indeed there is a Russian Orthodox ceremony known as *The Consecration of the Waters at Epiphany.*[11] The Volga, one of a group of great continental Russian rivers, is not merely an extremely long and broad waterway. It holds a special place for Russians as a massive artery that feeds the country's very heart, ranging from the wintry extremes of the north to the soft pleasures and seas of the south.

So Levitan, Kuinji, Aivazovsky, Arkhipov and Repin, to name but a few of the great Russian painters of water, were not only celebrating a major feature of the visible landscape they knew, loved and so obsessively painted but were also celebrating an incredible gamut of emotions and moods. These range from stark terror to peaceful tranquillity, from deep sorrow to exalted musing, and from delightful contentment to uneasy foreboding.

11. Boris Kustodiev
The Consecration of the Waters at Epiphany, 1921
Oil on canvas, 89 x 74 cm
Plotr Kapitsa Collection, Moscow

Russian cities and waters

12. Isaak Levitan
Beginning of the Spring, 1898
Oil on canvas, 41.5 x 66.3 cm
Russian Museum, St Petersburg

As a serious artistic activity, Russian painting really dates only from the nineteenth and twentieth centuries. As the Russian Symbolist poet Alexander Block put it, "Russian culture is a combination of cultures, we are a new country". Block's new country was actually synthetic and coldly calculated—created at the beginning of the eighteenth century with Peter the Great's westernisation of Old Russia. This had often been carried out with great brutality. And in some ways so too had Peter's introduction of western culture, art and architecture. Russian society was originally tribal and backward, its art either primitive and decorative or religious. Then it was suddenly faced with the highly sophisticated art and architecture of the West. Peter's new capital, St Petersburg, was shaped as a model of the ideal European city, a kind of Venice or Amsterdam of the North, built on what had been the swampy delta of a river flowing into the Baltic Sea. And it was built by a man whose first love was the sea. Apart from its symbolic and political function, the new city was to be effectively a living textbook of the new western architecture, art and culture, set like jewels on the lid of a box floating on the waters of the Neva.

13. Valentin Serov
Peter the Great, 1907
Tempera on cardboard, 65.8 x 88 cm
Tretyakov Gallery, Moscow

14. Ivan Aivazovsky
The Volga near the Zhiguli Hills, 1887
Oil on canvas, 129 x 219.5 cm
Museum of Russian Art, Kiev

ST PETERSBURG ON THE NEVA

Begun in 1703, with the young Swiss-Italian Dominico Trezzini as Peter's architect in residence, St Petersburg had advanced just enough in 1712 for the Tsar to move his court there, although most of the buildings were still timber and arranged like a "heap of villages linked together", as a Hanoverian diplomat described it in 1714. Peter had been impressed by the canal facades of Amsterdam, and Trezzini did his best to incorporate this visual obsession in his early designs. In 1716, J.B.A. le Blond, a student of the great French architect and landscape designer André Lenôtre, took over Trezzini's mantle and began designing and constructing the early public buildings and palaces in the new European classical manner for both the city centre and its hinterland, where the great families of the court began to establish estates.

15. Ivan Aivazovsky
Kronstadt, The Emperor Alexander I Fortress, 1884
Oil on canvas, 120 x 185 cm
Central Naval Museum, St Petersburg

At Peterhof, 18 miles (29 km) west of St Petersburg, he designed a series of huge gardens and parks incorporating massive waterworks for which a 15-mile (24-km) canal had to be dug. They were constructed in homage to the great Italian and French baroque landscape models. The new city was, as one modern commentator has put it, "an exotic plant in an alien land, with its symmetry and order, it was the symbol of Russia's longing to catch up with the West". Peter died in 1725 and one of his successors, Peter II, took the court back to Moscow immediately on his accession in 1727. In 1732 Empress Anna moved back to St Petersburg with her architect Bartolomeo Francesco Rastrelli, and recommenced populating it with classical buildings, including the Catherine Palace at Tsarskoe Selo. The European veneer was still thin even when Peter's daughter Elizabeth seized the throne in 1741. She introduced a variety of accomplished architects who worked in the refined rococo classical tradition.

16. Yevgeny Lanceray
Peter the Great's Boat, 1906
Watercolour, gouache and China ink on paper, 18.3 x 34.2 cm
Tretyakov Gallery, Moscow

But it was 1762, with Catherine the Great's ousting of her husband Tsar Peter III, that Russia really found itself having to become a European nation. Catherine was a passionate patron of the arts and a great builder of neoclassical architecture, especially at the Hermitage, whose walls she adorned with paintings of the great western masters: Raphael, Van Dyck, Teniers, Rembrandt and Poussin, as further exemplars of the heights of European culture. By the end of her reign Russia had taken its place among the nations of Europe. Although St Petersburg became a symbol of the new Europeanised society and a case study of how to be European, it nevertheless took time for the capital to grow and it achieved its final monumental classical form only in the third decade of the following century.

17. Mstislav Dobuzhinsky
Peter the Great in Holland, 1910

18. Andrei Martynov
Monument of Peter the Great,
1821–1822

CHANGING SOCIETY

St Petersburg apart, Peter's westernisation of Russia had actually less to do with the arts than with technology and society. Just as St Petersburg was the work of more than a century, changing a society's thinking took time and dedication, especially when the court was deeply suspicious and reluctant at heart to embrace the ways of the West—as was much of the rest of the country.

In 1757 it was the Empress Elizabeth who founded the Academy of Arts in St Petersburg.[19] Until then Peter the Great's successors had welcomed European painters to the Russian court. But most of those who came were only minor figures, and Russian artists trained by them had little impact. In the early years of Catherine's reign and patronage of the arts she ordered that the best of the new Academy students should be given travelling scholarships to paint in the great art centres of Europe. Moscow's College of Painting, Sculpture and Architecture was to be instituted almost a century later in 1843, and it too continued the pattern of providing travelling scholarships for its artistic talent.

19. Maxim Vorobyov
The Neva Embankment near the Academy of Arts, 1835

20. Alexander Beggrov
View of the Neva and Admiralty Embankment on a Moonlight Night
Oil on canvas, 68 x 104 cm
Russian Museum, St Petersburg

The tradition of supporting young artists for three or four years abroad was to continue right into the twentieth century. An early case in point is Karl Briullov, who in 1821 graduated from the Academy. He and his architect brother saw at first hand the work of the masters he had admired from afar in St Petersburg: Dürer, Correggio, Holbein and the Italian primitives. In 1823 in Venice he found himself in front of Tintoretto and Titian, then in Florence he discovered Raphael and Leonardo and later Rubens and Rembrandt. Here was an abundance of artistic riches, a kind of first-hand artistic smorgasbord. Unfortunately for the system, it was thirteen years before Briullov could be persuaded to return home and share his excitement and experience with his fellow artists.

21. Alexander Beggrov
The Neva Embankment, 1876
Oil on canvas, 53.5 x 93 cm
Russian Museum, St Petersburg

If this policy actually produced very few original or significant painters during Catherine's 37-year reign, it had at least laid the groundwork for the important Russian painters of the nineteenth century and gave the Russian artistic community easy familiarity with the works, techniques, trends and fashions of the West.

This high level of determined westernisation meant that the European masters were as influential in Russia as they were in the rest of Europe. But there remained a major contradiction. Although the Academy sent bright young painters abroad to absorb the best of European attitudes and ideas, it had as an institution retreated at an early date into a resolutely reactionary and sterile official position. The depiction of classical, historical and biblical themes—all in classical dress and with strictly allegorical intentions—remained mandatory if an artist was to be recognised by the establishment.

22. Yevgeni Lanceray
Cathedral of Our Lady of Kazan in St Petersburg, 1897
Watercolour on paper, 60 x 43.5 cm
Russian Museum, St Petersburg

23. Nikolai Dubovskoi
On the Catherine Canal in Summer, 1905
Oil on canvas, 84 x 67 cm
Russian Museum, St Petersburg

24. Yevgeni Lanceray
St Petersburg in the Early Eighteenth Century, 1906
Tempera on canvas, 58.5 x 111.5 cm
Russian Museum, St Petersburg

25. Konstantin Yuon
Pskov, 1904
Russian Museum, St Petersburg

26. Alexei Karev
The Neva River, 1934
Oil on canvas, 116 x 173 cm

27. Feodor Yakovlevitch Aleksiev
View of the Stock Exchange and Admiralty Embankment from the Peter and Paul Fortress, 1810
Oil on canvas, 62 x 101 cm
Collection of the Grand Duchess Maria Pavlovna and Elisabeth Feodorovna, St Petersburg

28. Feodor Yakovlevitch Aleksiev
View of the Admiralty, 1810
Oil on canvas, 138 x 178 cm
Russian Museum, St Petersburg

29. Feodor Yakovlevitch Aleksiev
View from the Petropavlovska Fortress, 1794
Oil on canvas, 70 x 108 cm
Tretyakov Gallery, Moscow

The Great European Landscape Precursors

30. Canaletto
The Bacino di San Marco: Looking East, 1726–1738
124.5 x 204.5 cm
Museum of Fine Arts, Boston

31. Canaletto
London: the Thames and City of London from Richmond House, 1747
105 x 117 cm
The Goodwood Trustees, Goodwood

Those European masters who influenced Russian art during this first phase included the great Canaletto, who in Europe had transformed topographical illustration into high art. Feodor Aleksiev's *View from the Petropavlovska Fortress*[29] of 1794 and his later *View of the Admiralty*[28] of 1810, with their preoccupation with water and panoramic views, are so organised that they could scarcely have been conceived without a knowledge of the great Italian's work such as, for example, *The Bacino di San Marco on Ascension Day*[34] of 1732 and his *The Thames and City of London from Richmond House*[31] of 1747.

32. Canaletto
The Arsenal: the Water Entrance, 1732
46 x 78.8 cm, Woburn Abbey

33. Canaletto
Capricio with San Giorgio Maggiore and the Rialto Bridge,
1746–1755
165 x 114.5 cm
North Carolina Museum of Art, Raleigh, NC

Canaletto was a specific influence, but much more important for the whole of European landscape (and landscape design theory) were the great seventeenth-century masters Claude Lorrain (1600–1682) and Nicholas Poussin (1594–1665), the pioneering masters of western landscape and water. Claude was celebrated for his radiant depiction of landscape, often painted from studies sketched in the Roman Campagne, and Poussin was recognised for his brooding idealised Roman landscapes. Both were actually Frenchmen who had settled in Rome not far from each other on the Pincian Hill, and both are thought of as the fathers of true landscape painting. Cezanne, abandoning Impressionism, said that the landscape artist should aim at "Poussin painted from nature".

34. Canaletto
The Bacino di San Marco on Ascension Day, 1732
77 x 125 cm, Royal Collection

35. Claude Lorrain
Italian Landscape, 1648
Oil on canvas,
75 x 100 cm
Hermitage,
St Petersburg

LIMPID WATERS

Claude's much-copied composition generally relied on a coulisse (usually a frame of trees through which the picture is seen), an extraordinarily delicate gradation of light to mark the divisions of the painting from a dark foreground through middle ground to the misty distance of the background, and the golden glow of the sky. Invariably the boundary between the first two grounds is marked by limpid water, reflecting light into the centre of the composition. For Claude, water was an almost essential, almost inevitable, element in landscape painting, whether it be the middle-ground lighting device of his *Italian Landscape*[35] of 1648, or the turbid water of *Morning in the Harbour*[38] of 1634. As we shall see, these were enduring images in the work of the expatriate Russian landscape painters and the great Russian sea painter of the latter half of the nineteenth century, Ivan Aivazovsky.

At more or less the same time in the Low Countries painters such as Rembrandt, Jacob van Ruisdael,[39] Willem van de Velde the Elder[42] (1633–1707), Jan Asselijn,[40] Paul Bril and Salvator Rosa were among those who depicted the rough natural landscapes of their native country, either as backgrounds to genre subjects or, revolutionary at the time, as landscapes in their own right.

These were all painters of the Baroque who had abandoned the clear religious and classical iconography of the early Renaissance and the linear and closed composition of their predecessors in favour of intensified light and shade; broad, almost impressionistic brush strokes; dynamic asymmetry in composition (rather than the formalised symmetry of even mid-Renaissance composition); and a choice of lay rather than religious classical subjects—especially landscape and waterscape subjects.

36. Claude Lorrain
Landscape with Apollon and Sibylle of Cumae, 1646
Oil on canvas, 95.5 x 127 cm
Hermitage, St Petersburg

37. Claude Lorrain
The Rape of Europa, 1655
Oil on canvas, 100 x 137 cm
Pushkin Museum, Moscow

SPARKLING WATERS

Existing painted landscapes were of primary importance to artists, but there were also real-life models in the often exuberantly designed waterworks of wonderful Renaissance and Baroque estates, which were all on the young Russian artists' grand artistic tour of Europe: the Villa d'Este at Tivoli of the mid-sixteenth century by Pirro Ligorio, with its water organ, terrace of a hundred fountains and magical waterways; the Villa Lante with its long, falling stream, cascade and stone dining table; the Villa Adolbrandini cascade by Giacomo della Porta; villas for the families of the Frascati, Garzoni and Collodi; and the great waterway city, Venice[43] itself. In France there was Vaux-le-Vicomte, the extraordinary waterworks of Versailles,[44] the Belvedere in Vienna and Het Loo at Apeldoorn in the Netherlands,[45] Herrenhauses near Hanover, Charlottenburg near Berlin, and in the early nineteenth century the new Picturesque gardens being developed in England. It is arguable that the great Stone island of St Petersburg was inspired by Isola Bella, the extraordinary villa-island in Lake Maggiore. Any of these would have been visited by an enterprising Academy graduate on his three- or four-year sojourn in the West.

38. Claude Lorrain
Morning in the Harbour, 1634
Oil on canvas, 97.5 x 120.5 cm
Hermitage, St Petersburg

A NEW NATIONALISM

Under Catherine, Russia had become a European power which proved itself in contributing to the defeat of Napoleon in a great continental conflict. But in the 1820s Russian society took a look at itself and decided that there was something unique about Russia after all, that its customs and traditions had intrinsic value. Apart from the fact that most courtiers' incomes were, unlike any other group in Europe, bound up in the ownership of human beings, there developed a belief in the need to acquire a national identity within European culture. At its worst this took the form of a heavy-handed nationalism in which Nicholas I demanded that the Russians become more Russian and that conservatism, autocracy and patriotism were the proper and slow way forward, even if this effectively meant cutting off Russia from the ferment of ideas that were sweeping Europe.

39. Jacob van Ruisdael
Landscape with Waterfall, 1670
Oil on canvas, 52.5 x 62.5 cm
Palazzo Pitti, Florence

40. Jan Asselijn
Landscape with Waterfall, c. 1640–1653
Oil on canvas, 47 x 54 cm. Palazzo Pitti, Florence

41. Ludolf Backhuysen
Seascape with Ships
Oil on canvas, 65 x 79 cm
Palazzo Pitti, Florence

42. Willem van de Velde the Elder
The Sund Battle, 1665
Oil on canvas, 143.5 x 295.5 cm
Palazzo Pitti, Florence

43. Palazzo Corner, Loredan
Venetian-Byzantine style, 13th century, Riva del Ferro, Venice

At its best it encouraged Russian artists to be unashamed about being Russian and about painting uniquely Russian themes. Although this took some decades to get going, much of the painting of the rest of the century was, one way or another, imbued with this notion that Russia had of necessity joined the culture of the West but had a totally different origin whose qualities were worth celebrating.

In the early part of the nineteenth century the prevailing painterly styles of Europe had been a mixture of Romanticism and Classicism, and later Romanticism in its more ethnic genre and landscape modes. From the late 1850s onwards, Russian artists began to reject Romanticism and the official cult of history painting in favour of a new Realism, which had for Russian artists a political agenda.

44. Etienne Allegrain
View of the Orangerie, the Flower Beds and the Castle from the Satory Heights, c.1688 (detail)
Oil on canvas, 243 x 192 cm
Castle Museum, Versailles

Under the influence of the sometimes heart-wrenching writing of Tolstoy and the earlier and more conservative Dostoyevsky and Turgenev (about the plight of the masses and the belief that they were the source of those uniquely Russian values which should be most cherished), in the early 1860s a group of painters led by Vasily Perov (1834–1882) argued that painting's function was to explain life in its sharpest and most realistic state. Perov had spent his post-graduate years in Paris working on genre subjects: musicians, people in the street and old people. And on his return his painterly technique had become sophisticated in its depiction of the poignant sadness of everyday peasant life.

His *A Drowned Woman*[46] of 1867 uses the damp mist of the Moscow river as a cloud separating the magical towers of the city from the hopelessness of the foreground, where a phlegmatic policeman sits out the dawn waiting for the mortuary cart, puffing his pipe over the corpse of a drowned woman. She has been hauled dead from the depths of the invisible mist-hung waterway immediately behind. The water has thus provided grim release from her suffering.

The Realism of Perov and his followers, and their preoccupation with the genre of peasant social reality, was to merge with the prevailing nationalism to support a new interest in Russian landscape painting. At first it was as the necessary accompaniment of every-day peasant life and later as a legitimate subject in its own right, as the young radicals eventually abandoned emotional arm twisting and as examples from Europe (such as the Barbizon School) gained popularity in painting circles.

45. Anna Ostroumova-Lebedeva
Amsterdam: The Iron Market, 1913
Oil and tempera on canvas, 67 x 99 cm
Russian Museum, St Petersburg

46. Vasily Perov
A Drowned Woman, 1867

47. Silvester Shchedrin
Tivoli Waterfalls, 1821–1823

EARLY RUSSIAN LANDSCAPE PAINTERS

Of course, landscape was a subject at the Academy. But it was not landscape as taught there, but the landscapes of Claude, Poussin, the Dutch painters and the real-life Italian scenery that the Russian pioneers depicted. And it was not until such artists as Ivan Shishkin emerged from the new Moscow School of Art, Sculpture and Architecture—directed in the 1850s by Alexei Venetsianov, who laid emphasis on sketching, painting and learning from nature—that a truly Russian style of landscape began to emerge.

And it is not as if Russians had not painted pure landscape before this. Silvester Shchedrin went to Italy on an Academy stipend in 1819 and acquired a reputation for his somewhat Claudian landscapes. Comfortable in Rome among his fellow expatriates, he declined to return to Russia and spent the rest of his life abroad. His interest in pure landscape was engendered by the popularity in Europe of, among others, the English *plein-air* pioneer John Constable. And there was the local Italian Posilippo school of landscape. The young Corot is believed to have met Shchedrin in Rome and admired his work. The Russian painter very successfully exploited the subject of the Tivoli waterfalls[47] outside Rome in a way that is reminiscent of Ruisdael and Salvator Rosa, and yet it is entirely fresh in its depiction of wonderful and lively nature. For the last fifteen years of his career he painted in Naples, still preoccupied with water, but now in the form of the Bay of Naples and the Mediterranean Sea.

Shchedrin was important because he was a great influence on the leading Russian Romantic Karl Briullov, who made the European tour to study and paint in Rome or sometimes Paris, and like many young Russian artists visited Shchedrin. But Shchedrin was also important because of the success abroad of his landscapes which, quite contrary to the Russian Academy classicist line, are of real-life scenes whose function is to create a sense of atmosphere rather than provide allegories for life. At around the same time a small group of Russian artists also worked on landscape themes, such as the brothers Chernetsov and Mikhail Lebedev (1811–37). Lebedev went to Italy on a stipend in the 1830s and followed in Shchedrin's footsteps, painting the warm Italian landscape in the open air and with a more spontaneous range of colours than traditional Russian art rules permitted. His *In the Park* of the early 1830s is a sylvan scene, with still water reflecting the surrounding trees and the low evening sun filtering through, lighting the tree trunks and the lower canopies of leaves.

Another Russian contemporary was Alexander Ivanov, some of whose landscapes—for example *The Bay of Naples* of 1846—are particularly well observed. A recluse, he too spent almost his entire career outside Russia and he was never very successful. But these paintings, whatever else they are, are not in any way Russian. They are simply painted by Russians. Except for Ivanov, most Russian painters of landscape were successful precisely because they worked in the European mode.

48. Karl Briullov
An Italian Family, 1831
Watercolour on cardboard, 18.8 x 22.4 cm
Russian Museum, St Petersburg

Like Shchedrin, Karl Briullov (1799–1852) developed a European reputation, crowned with his monumental work *The Last Days of Pompeii* of 1833, a significant example of Romantic classicism. Eventually returned to Russia, Briullov's Romanticism manifested itself much more through portraiture than landscape. In fact his landscapes are still essentially Italian, although in his *Portrait of the Artist and Baroness Yekaterina Meller-Zakomelskaya with her Daughter in a Boat*[49] of 1835, the water landscape serves as a visual device to isolate and define the closeness of the three protagonists. Only four years before in 1831 he had painted *An Italian Family,*[48] in which a husband prepares a crib for his pregnant wife who inspects the coming child's clothes. Beyond, through the open door, is a wide waterway in the valley below shadowed by the cliffs on the far bank. None of this is yet peculiarly Russian, although Nikolai Gogol maintained that Russian painting's emergence was due to Briullov. Censured on his return for

choosing an inelegant model for his *Italian Morning, Italian Noon*, he replied firmly: "An artist becomes closer to nature by deploying selectively the techniques of colour, light and perspective. He has thus the right to reject conventional notions of 'beauty' if that seems appropriate." Here was the heart of the Romantic position and a clear rejection of his new critics' dull adherence to conventional classical notions of beauty.

And here too was the end of the old slavish respect for classical values and understandings about what the proper subjects of painting could be and what the real purpose of painting might be. In many ways the real lead was about to be offered by a brilliant young graduate of the Academy, Ivan Aivazovsky, whose long life in painting from the 1830s to the end of the century was obsessively devoted to painting that greatest body of water on earth, the sea.

49. Karl Briullov
Portraits of the Artist and Baroness Yekaterina Meller-Zakomelskaya with her Daughter in a Boat, 1833–1835
Oil on canvas,
151.5 x 190.3 cm
Russian Museum,
St Petersburg

OCEANS

50. Ivan Aivazovsky
Niagara Falls, 1893
Oil on canvas, 126 x 164 cm
Picture Gallery, Theodosia

51. Ivan Aivazovsky
Malaga Seascape, 1854
Oil on canvas, 44 x 53.5 cm
Picture Gallery, Theodosia

A brilliant student in the 1830s at the St Petersburg Academy of Art, Ivan Aivazovsky (1817–1900) became the most renowned Russian painter of seascapes. With a stipend from the Academy to study and work in Europe, he absorbed the work of the old masters and, because he had determined to become a painter of the water, such sea painters as Ludolf Backhuysen.[41] Despite—or perhaps because of—his relatively unusual favourite subject, he was soon very popular. "All agree", wrote one contemporary, "only Aivazovsky depicts light, air and water so truthfully and convincingly."

He returned to Russia in 1844 via Holland, where he was made a member of the Amsterdam Academy. On his arrival in St Petersburg, the Tsar made him an academician of its Academy of Art and Painter to the Chief Naval Staff, and commissioned him to paint views of major naval sites. The following year (1845) he went with the Black Sea fleet through the Greek islands to paint local coastal scenery and soon settled in his homeland Crimea, where he was based for the rest of his long life. He exhibited abroad and in Russia, and travelled not only in Russia but in the Mediterranean coastal region, Turkey, Italy, France (where in 1857 he was given the Legion of Honour following a successful exhibition) and even, late in life, to the United States, where he painted the great waterscape *Niagara Falls*.[50]

He was immensely popular with the navy, not least because at the beginning of his career he painted an important series of naval battles from Russia's heroic past. Besieged in Sevastapol during the Crimean War, he brought first-hand observation to his later paintings of contemporary sea battles.

52. Joseph Mallord William Turner
The Fighting Téméraire,
1838–1839

During his early European years, Aivazovsky travelled throughout Europe, including Holland and England, where he met Turner. Near the end of his career Turner had begun experimenting with paint less as a medium for describing or depicting seascapes and landscapes but as a way of expressing exhilaration, as in *Rain Steam and Speed*, or intense emotion in the face of extraordinary nature as in *Landscape with a River and a Bay in the Distance*. And even in paintings with conventional themes, such as *The Fighting Téméraire*[52] of 1839, Turner's ship and its steam tug are mysterious impressionistic elements in an immensely still burnt-sienna sea and a chaotic sunset sky, which is reflected in the chromatic tones of the water, the calm before the final act of destruction presaged in the incipient violence of the sky. Aivazovsky imitates this unexpected colouring in the sky of his *Sunset at Sea*[53] of ten years later, the sun an obscured ball of yellow reddening the sails of the lonely topmaster leaning into the wind of the night, the white horses of the dark foreground hinting at a coming night of mounting storm.

He returned again and again to those magical Turneresque reds and oranges, in the *Malaga Seascape*[51] of 1854, the *Shipwreck off Mount Athos* of 1856, and two pale orange limpid misty morning seascapes, *Morning at Sea*[54] of 1849 and *Farewells at the Seashore*[55] of 1851,

53. Ivan Aivazovsky
Sunset at Sea, 1850. Oil on canvas, 39 x 67 cm
Art Museum, Odessa

54. Ivan Aivazovsky
Morning at Sea,
1849
Oil on canvas,
85 x 101 cm
Palace of Pavlovsk

where in both cases a becalmed ship in full sail waits or appears out of the orange mist observed by figures on the shore, the sun a faint yellow ball in the sky, the water at low ebb rippling gently like stretched gauze. The same contrast of mood, although not using the same colour palette, is to be seen in his *Storm in the Night*[56] of 1849. Here the foreground water, highlighted by a full moon, has begun to ripple uneasily and beyond the rocky promontory of the middle ground a storm gathers in the sky as a schooner, its sails dangerously billowing, scuds for the protection of the headland.

Aivazovsky's naval paintings are wonderful propaganda pieces, celebrations of the might of the Russian navy. Perhaps not surprisingly, for these are set pieces, they are organised as rather stiff formal compositions in which it seems the artist has felt obliged to delineate in precise detail every spar and piece of rigging, as in *The Kronstadt Roadstead* of 1840 and *A Russian Squadron off Sevastopol*[58] of 1846. Here the composition is based on a major element, a warship sailing straight towards the viewer, occupying one third of the canvas and balanced by the visual mass and colour weight of the remainder. Their stilted composition contrasts with the wonderful life and complexity of his sea battles of the latter part of the 1840s, notably *The Battle of Navarino, October 1827*[57] of 1846 and his *The Battle of Revel, May 1790*[60] painted in the same year as *Sevastopol*, and further sea battles such as Chios and Chesme fought on succeeding days in 1770. Here the seas, with their wreckage and flotsam, are the disturbed setting for hideous mayhem.

55. Ivan Aivazovsky
***Farewells at the Seashore,* 1851**
Oil on canvas, 81 x 113 cm
Art Museum, Odessa

Unlike later Russian painters, Aivazovsky painted from memory in the studio rather than painting from nature. He wrote, "The movement of the elements cannot be directly captured by the brush—it is impossible to paint from Nature a flash of lightning, a gust of wind or the splash of a wave. For these the artist must retain the impressions they have left upon him." And some of his most memorable works could only have been created in his mind's eye. One is a big painting, *The Ninth Wave*,[59] painted in 1850 and probably his most famous. The ninth wave, Russian seafaring tradition had it, was the wave shipwrecked sailors had to dread, for it was the killer wave. Low down in the foreground of this big canvas a small huddle of sailors cling to the remnants of a mast as a giant wave crested with spume is about to crash past, while another inexorably builds up in the sulphurous light of a winter sun that has just broken through the red and fearsome clouds. The viewer asks which is the ninth wave, for they all look equally threatening. Nothing can be certain. The ambiguity of the sailors' fate in the arms of this implacable mass of water, and the fear engendered by the colouring of the sky and the terrifying waves, at once translucent in their peaks and black in their depths, engenders what sixty years previously Edmund Burke had spoken of as The Sublime, that state in which the emotions are stretched to their uttermost.

56. Ivan Aivazovsky
Storm in the Night, 1849
Oil on canvas, 89 x 106 cm
Palace of Pavlovsk

57. Ivan Aivazovsky
The Battle of Navarino, October 1827,
1846
Oil on canvas, 222 x 334 cm
Naval School, St Petersburg

Twenty-six years later, in 1876, Aivazovsky painted his most extraordinary *Shipwreck*.[64] Shipwrecks are of course the stock in trade of any marine painter from Ludolf Backhuysen, through Claude-Joseph Vernet[65] to Jean Pillement and Théodore Géricault,[66] and Aivazovsky had himself painted many. But this painting captures so sublimely the wrenching poignancy of the remnants of a ship's crew in a foundering boat, their arms stretched out to helpless watchers high on a great rock at whose base the boat will inevitably be dashed.

Like the island of the later painting *Isle of the Dead*[63] by Arnold Böcklin of 1880, the great rock is singled out for startling illumination by a mysteriously selective ray of sunlight, which also transforms the flying spray into a magical cloud around its base. In fact Aivazovsky had deployed the

same kind of lighting effect in his earlier *Icebergs*[123] of 1870, in which a great fractured edifice of mysteriously-lit ice towering above a slow-moving three master is singled out for special illumination. Out of the dark shadow of the *Shipwreck's* foreground a floating mast emerges from a wave, its jagged end streaming seawater (a favourite visual device of Aivazovsky), while the port gunwale of the doomed boat is flooded by the wave which will soon lift and hurl it onto the great rocks.

This is water at its most fundamental, titanic in its scale—so titanic that it is impossible to imagine the mechanics, the forces that turn a colossal, implacably heaving force into the placid orange and yellow drenched first-light seas of his lyrical morning paintings such as *Seaside Calm* of 1843 and *Twenty-six Cannon Corvette at Anchor*[61] of 1852.

58. Ivan Aivazovsky
A Russian Squadron off Sevastopol, 1846
Oil on canvas, 121 x 191 cm
Russian Museum, St Petersburg

59. Ivan Aivazovsky
The Ninth Wave, 1850
Oil on canvas, 221 x 332 cm
Russian Museum, St Petersburg

In this one painter we have almost the whole gamut of emotions: bowel-churning fear; limpid, romantic regret; jingoistic national pride; intense awe; anguish at others' predicaments; tingling anticipation; delight; the pleasures of recognition and, above all, wonder. Are these uniquely Russian? The answer is not necessarily, and yes. Because Aivazovsky, for all his early European influences, was his own man. Nobody painted the sea quite like him and, although the subject was popular outside Russia, he outlasted everybody else and made it his very own.

That is not to say that in his long life Aivazovsky had explored all its possibilities. In his mid-twenties the younger Alexei Bogoliubov, then an officer in the Russian navy, enrolled at the Academy for four years and was made an official artist to the navy before spending four years abroad in Paris, Geneva and Düsseldorf under an Academy stipend.

60. Ivan Aivazovsky
The Battle of Revel, May 1790, 1846
Oil on canvas, 222 x 335 cm
Naval School, St Petersburg

61. Ivan Aivazovsky
Twenty-six Cannon Corvette at Anchor, 1852
Oil on canvas, 95.5 x 142 cm
Russian Museum, St Petersburg

62. Alexei Bogoliubov
The Bicentenary of Peter the Great Reaching the Neva, 1872
Oil on canvas, 121 x 195 cm
Russian Museum, St Petersburg

He followed one tradition when in 1872 he went to live in Paris, visiting Russia each summer. Bogoliubov painted seascapes, but some of his most haunting water studies are of that transition zone between ocean and river—the harbour. In his 1878 *View of Nizhni-Novgorod* and in the earlier *Bicentenary of Peter the Great Reaching the Neva*,[62] we have a great topographical artist's work. Just as Canaletto a century-and-a-half before had transformed the accurate depiction of scenery into high art, so Bogoliubov turned meticulously accurate delineation of these two harbours into places of moment. The millpond-smooth water somehow heightens the tension of, in the one painting, waiting for the distant flotilla to dock at the floating pier and in the other watching triplets of steam boats, their pennants stiff in the breeze, progress slowly up the harbour roads.

64. **Ivan Aivazovsky**
The Shipwreck, 1876
Oil on canvas, 136 x 170 cm
Picture Gallery, Theodosia

63. **Arnold Böcklin**
Isle of the Dead, 1880

65. Claude-Joseph Vernet
The Shipwreck,
1743–1748
Oil on canvas,
51 x 40 cm
Offices Museum,
Florence

At the same time academic painters were still producing their great theatrical set pieces, such as Genrikh Semiradsky's *Frinta at a Celebration of Poseidon, the King of the Sea at Eleusis* of 1889. Nominally about the great sea god, it is actually one of his popular bacchanals with lightly-clad celebrants and dozens of beautifully painted and languidly arranged models, with a token sea serving merely as part of the background. It could hardly be otherwise in this kind of painting in which narrative and classic painterly modes were obligatory.

Yet for Ilya Repin in 1903, the sea could serve a very important symbolic function. In his big *What a Wide World!*[67] of 1903, the sea is used for quite a special purpose. The great swathe of white-flecked olive sea sweeps around, past and almost over the laughing young lovers obliviously half engulfed on the dangerous edge of a rocky ledge,

over which the foaming sea boils. The dark, choppy waves a few yards away, spume blown from their crests, are menacing intimations of potential calamity to these carefree young people who have not yet noticed something that Aivazovsky's sailors well know, that the world—the sea—is both pleasurable and potentially deadly. Here Repin deploys, not altogether successfully, impressionistic painterly techniques and colourings. Where Aivazovsky's painting is always representational, Repin's foreground rush of seawater is almost a smear of grubby green paint, which must be intended to underline the ambiguity of the narrative. Who could really survive upright in such a turmoil of water? Who but this idealised young couple could survive dry and untouched in such circumstances? Here we have the sea underlining an allegory of young love triumphing oblivious amid the tempest.

66. Théodore Géricault
The Raft of the Medusa,
1818
Louvre, Paris

67. Ilya Repin
What a Wide World! 1903
Oil on canvas, 179 x 284.5 cm
Russian Museum, St Petersburg

The natural waterscape

68. Ivan Shishkin
Stream in a Forest, 1870
Oil on canvas, 70 x 112 cm
Art Museum, Odessa

IVAN SHISHKIN

If Aivazovsky was the Russian master of the sea and its moods, Ivan Shishkin (1832–1898) was the master of the forests. One of his contemporaries wrote admiringly, "Shiskin is so faithful, has such deep affection for his native land that he has no rivals in portraying Russian nature and especially the Russian forest." As a student at the Moscow College of Painting and Sculpture from 1852, and later at St Petersburg, he encountered paintings by such Russian artists as Ivan Aivazovsky, of expatriates such as Silvester Shchedrin, and such European masters as Ruisdael. Almost from the start of his course he began painting and sketching the local rural Moscow landscape. As his niece later recalled it, "Shiskin was drawing views and landscapes the like of which no-one had drawn before: a field, a forest, a river, just that—and they are as beautiful as views of, say, Switzerland." Shishkin spent his scholarship years not in Rome or Paris but in Germany, Switzerland and Bohemia. On his return he was made an Academician on the strength of his painting abroad, and began drawing and painting Russian landscape. His mastery of both impeccable Realist technique and in evoking mood is exemplified by his *An Old House on the Edge of a Pond*.[69] A sketch in sepia of an old semi-derelict stone farmhouse in an overgrown orchard with a pool that has somehow developed in a depression over the years, it is extraordinarily evocative of abandonment, decay and age. There have been no people here for years.

Shishkin's magnificent obsession was with the coniferous forests of Russia. For the last thirty years of his life he painted practically no other subject, after exhibiting his *Pine Forest in Viatka Province* in the second Itinerants' exhibition of 1872. If Aivazovsky, who started active work thirty years before him and died two years later, sometimes repeated himself, Shishkin contrived to bring a fresh eye to each painting. This was partly because he liked painting *plein-air* and, probably, because he saw the forest as a continually changing laboratory of information about the workings of nature.

69. Ivan Shishkin
An Old House on the Edge of a Pond, 1860
Sepia on paper, 33 x 26.5 cm
Museum of Russian Art, Kiev

In *A Pine Forest*,[70] Shishkin uses a forest stream as the main foreground element leading the viewer's eye into the dark recesses of the forest past the clearing, which has been damaged by loggers searching for timber for masts. Bears play mournfully around a tree with a hive tied safely far up its trunk. In his *Stream in a Forest*,[68] of two years before, it is as if the viewer has suddenly come upon the little scene, the still water disappearing into reeds to the right foreground, and in the background there is a hint of its source in a marshy sward, the middle ground following the old Claudian rule and reflecting the sky and surrounding foliage. Here the chromatic scale is deliberately kept narrow: browns and sepias, blacks and dark greens, and a series of rough surfaces contrasting with the hard reflecting surface of the water in the middle ground. From the outset Shishkin has realised the importance of including movement, however placidly it may be represented by a shallow stream moving slowly over pebbles and little rocks on its gradual way to feed some larger waterway. Water is always important for Shishkin's composition because it provides the necessary horizontal contrast to the vertical thrust of his trees. Shishkin returned to the same subject ten years later in 1880. The banks of this forest stream represent a cool haven from the hot summer sun streaming down the slopes in the background, beyond the grove which has grown up around the water.

70. Ivan Shishkin
A Pine Forest in Viatka Province, 1872
Oil on canvas, 117 x 165 cm
Tretyakov Gallery, Moscow

The water moves slowly and has temporarily disappeared under rocks and moss by the time it reaches the foreground—the same device appears in the totally different painting of a decade before. In those ten years Shishkin's palette has changed, the browns are redder, the greens more sun-drenched and the viewer is made somehow aware that the tall straight trees of the grove are there because of the stream's life-giving grace. The stream in the forest is a subject to which Shishkin returned again and again. In most cases these are not cascades, but gentle scarcely moving waters which, the viewer might well think, are there to provide a foil to the inevitable tall trees.

A study for a painting of *Pond in an Old Park*,[71] one of Shishkin's last paintings, is interesting because of its relative impressionism—the sky is a strange yellow and the painting rapid rather than meticulous. Backed by dark green trees, the still water of the brook reflects blackly. These are certainly paintings of Russian forests and water because that is what Shishkin painted. But even without the clues painters usually provide in the shape of people, architecture, characteristic landscape or even place names, these are plainly Russian paintings. It is largely because of his quietly sombre palette of earth colours and the great silent pine trees gathering around the slow-moving streams that we know we can only be in the heartland of Russia.

71. Ivan Shishkin
Pond in an Old Park
Study for a painting of 1898
Oil on canvas, 137 x 103 cm
Tretyakov Gallery, Moscow

72. Ivan Shishkin
Sandy Shore, 1879
Oil on canvas,
142.2 x 88 cm
Art Museum of
Belorussia, Minsk

73. Stanislas Zhukovsky
Autumn

FRONTIER ART

Shishkin's work reminds us that Russian art has many parallels with eighteenth- and nineteenth-century colonial art, such as the art of Australia and America—not least in the sense that none has until recently been the subject of serious study. The latter two were more geographically isolated, although all three were conscious of their cultural isolation. Each had a frontier tradition in which raw nature figured heavily. Each had a "frontier" art movement: the Australian Heidelberg School, the American Hudson River School and the Russian Itinerants. Each country had been heavily dependent on slave or convict labour until about the middle of the century, with emancipation legislation. They all spent the rest of their time searching in one way or another for an authentic national identity. Russia had the edge in having a genuine long-term history of kings, wars and sea battles, rather than simple (however indomitable) frontiers men and explorers. As a result, one of the functions of nineteenth-century Russian art turned out to be providing painterly support for one or other visions of the essence of Russia.

74. Claude Monet
Waterlilies, 1899
Pushkin Museum of Fine Arts, Moscow

NEW LANDSCAPES AND THE ITINERANTS

In 1870, Shishkin was one of the founders of the Society for Travelling Art Exhibitions, the Peredvizhniki or Itinerants, as they were known. They held their first exhibition in the following year. A radical group including Shishkin, Repin, Surikov, Kamenev, Vasnetsov, Savrasov and Kuinji, and later Polenov, Serov, Levitan and Makovsky, it was dissatisfied with the deep conservatism of the official Academy of Art and its exhibitions. Indeed it was in many ways the natural outcome of an Academy revolt seven years earlier in 1863, when fourteen of the best pupils from the Academy of Arts were refused permission to choose the subjects of their graduation paintings and so they walked out and founded an artists' commune.

At first the Itinerant shows were held throughout Russia, from Odessa and Warsaw to Kiev. But gradually the society became centred on St Petersburg and Moscow, partly because the paintings were often bought by the time the show had got to Moscow and partly because, by the mid-1890s, it had become the *de facto* establishment art institution and, as institutions do, had developed conservative tendencies. In the mid-1890s, following reform of the Academy, a number of Itinerants, including Repin and Shiskin, actually agreed to become Academy professors. By the beginning of the new century it was perceived as a reactionary organisation by the younger generation of artists—and by a number of its own members who over the next decade left to join the Union of Russian Artists or followed new ideas about art, especially under the influence of *Mir iskusstva* (The World of Art). Its last shows were held in the 1920s.

Although the dates correspond with those of the emergence of Impressionism in France, this movement had very little to do with the way in which the Itinerants painted. In fact one admired contemporary, Konstantin Korovin, was denied membership because he painted in the Impressionist mode. The Itinerants were closer to, say, the German Malkasten and the Dutch Kunstlerbond, the Czech Bohemia Painter's Association and the Artistic Conversation and Italian Macchiaioli group.

It was only a roughly cohesive group. Everybody subscribed broadly to Realism and supported nationalist tendencies, together with powerfully concerned attitudes to what was going on in Russian society as it lumbered towards its version of the Industrial Revolution. Favoured catchwords were sincerity, truth, reality, modernity, and national authenticity. In their search for a psychological truth they took a very serious approach to plotting the face of Russia and its life. Not surprisingly, they supported the validity of landscape painting as a subject in its own right. At the end of the century landscape was to be the Itinerants' primary interest.

But to begin with it was a catholic group. The Itinerants painted anything from genre through great moments in Russian history, to water and forest and landscapes. They had a broader purpose: in depicting the everyday lives of their subjects, whichever they had chosen to work with, they were deliberately asserting the importance of the psychological truth of the commonplace. They thus sought to show that Russian culture was vibrant and had a voice of its own, that Russian topography and climate was not that of the sunny South. It believed that its slow-moving rivers, calm and violent seas, gloomy forest lakes, snow and ice, wind and rain, and charming woodland ponds were all just as proper subjects of painting.

One of their painterly positions was to do with what they called local colour. The Itinerants were reluctant to use colours that reflected the meaning of the paintings, which very often meant using quite gloomy colours or the relatively self-disciplined earth colours of Shishkin.

75. Vasily Polenov
Pond Overgrown by Weeds, 1879
Oil on canvas, 77 x 121.8 cm
Tretyakov Gallery, Moscow

LYRICAL WATERS

The Moscow school of the 1880s produced a number of painters, such as Arkhipov, Alexei Stepanov, Valentin Serov and others such as Isaak Levitan, who wanted their art to be spontaneously expressive, to divorce their art from preconceptions and rules. Serov, who as a student talked a great deal about the joys of life, went abroad immediately after his years at the Academy. He fell in love with Venice,[76] absorbed the old masters, and on his return spent a great deal of time at Abramtsevo, the country estate of radical art patron and merchant Savva Mamontov. With fellow artists he painted the local scene and one theme in particular, the overgrown pond. As a subject it is interesting enough as a picturesque set-piece landscape theme, combining as it does foliage, sky, water, reflections and possibly mist. But one suspects there is also a second agenda: ponds are overgrown because they have been neglected and in the latter part of the century many formerly noble estates could not cope financially with the freeing of the serfs and either went bankrupt or allowed their estates to decline.

Serov's *Little Pond: Abramtsevo*[79] of 1886 and the seminal *Overgrown Pond: Domotkanovo*[77] of 1888 belong to a little group of such paintings, in which the utter calm and serenity of the ordinary countryside devoid of people is transformed into observations about the state of being. In *plein-air* painter Vasily Polenov's earlier and more realist study[75] of 1879 of the same subject, a slightly ramshackle landing stage gingerly projects into the edge of the lily-strewn water, while an old half-submerged log floats abandoned in the foreground. In Serov's 1886 *Little Pond*, Polenov's landing stage has become a ramshackle collection of timber approached by a board resting on the shore. Isaak Levitan's study and painting of the same subject of 1887 deploy an impressionist technique of deft brushstrokes to create a solemn mood.

All three artists must have seen a painting of 1871, the second year of the Itinerants, by founder member Lev Kamemev. It is *Fog: The Red Pond in Moscow in Autumn*.[78] It pays tribute to Claudian composition in its lucent light in the middle of the picture and the way the farther boundary of the pond merges through the golden fog into the sky. The water, unbroken except by the silent reeds and scattered jetties, is suffused, saturated with an air of reposeful and unmistakably Russian sadness.

76. Valentin Serov
Riva Degli Schiavoni, Venice, 1887

77. Valentin Serov
Overgrown Pond: Domotkanovo, 1888
Oil on canvas, 70.5 x 89.2 cm
Tretyakov Gallery, Moscow

78. Lev Kamenev
Fog: The Red Pond in Moscow in Autumn, 1871
Oil on canvas, 68 x 113 cm
Tretyakov Gallery, Moscow

79. Valentin Serov
Little Pond: Abramtsevo, 1886
Oil on panel, 34.5 x 24.5 cm
Tretyakov Gallery, Moscow

Here in the four paintings is a restrained palette of colours used to depict a languorously sombre emotion. It is this deliberately limited palette and the deliberate choice of a gloomy emotion that make all of these water paintings uniquely Russian. Compare them, for example, with Monet's much more freely painted and light suffused *Pond at Montgeron*[80] of 1876 or indeed his famous *Waterlilies*.[74] Apart from the way the paint is applied, they also have a completely different range of colours and a different emotional agenda: these ponds are sombre, filled with a dark languor. The viewer wants to know why the pond has become neglected, untended, why it has not been painted on a sunnier day, what lurks beneath the surface, what dark, essentially Russian secrets it holds. Interestingly, Monet's *Pond* was bought by a Moscow collector. All three are subdued with cloudy summer skies, the profoundly still waters almost black—in Serov's so black that they reflect the patch of bright sky above—the others hinting at uncertain depths, the dark oil paint emphasised by the green brushstrokes of the lily pads.

80. Claude Monet
Pond at Montgeron,
1876–1877
Hermitage,
St Petersburg

81. Vasily Polenov
Lake Gennesaret, 1899
Oil on canvas, 52 x 87 cm
Russian Museum, St Petersburg

Polenov was a professor of landscape at Moscow and, although he occasionally returned to landscape after this wonderfully moody evocation, he was never to entirely repeat it except perhaps in his *Lake Gennesaret*[81] of 1899. Here a different mood is evoked—a sense of wonder at the sheer extent of nature. The viewpoint is on a high crag overlooking the marshy preliminaries to the edge of the lake, which stretches across to the majestic line of low cliffs which themselves range left and right into the far distance, uniformly and unchanging.

One of Polenov's students was Isaak Levitan, who at the end of the century had become one of the great painters of Russian water. Writing at the time critic Alexander Benois said, "Levitan was not a Barbizon painter, nor a Dutch artist and not an Impressionist. Levitan was a Russian artist, but his Russianness does not lie in him having painted Russian motifs out of some sort of patriotic principles but in the fact that he understood the obscure charm of Russian nature, its secret meaning." *

Shishkin was the master of the forest and Levitan the master of placid open landscape, and especially water. His *Lake*[82] of 1899, one of several such paintings, sums up his preoccupation with the painterly possibilities of water. The strip of land serves as a narrow middle ground, a device to mark the transition between sky and its reflection in the deep foreground of water and vestigial reed bed. The summer clouds float dreamily over the land, reflected in the moving waters of the lake. His *Golden Autumn* of 1895 catches a Russian landscape at the end of a long summer, the skies still clear, the leaves turning gold. The river is full and calm, its dark foreground depths hinting at the cold to come.

* Alexander Benois, *History of Russian Painting in the Nineteenth Century,* 1910

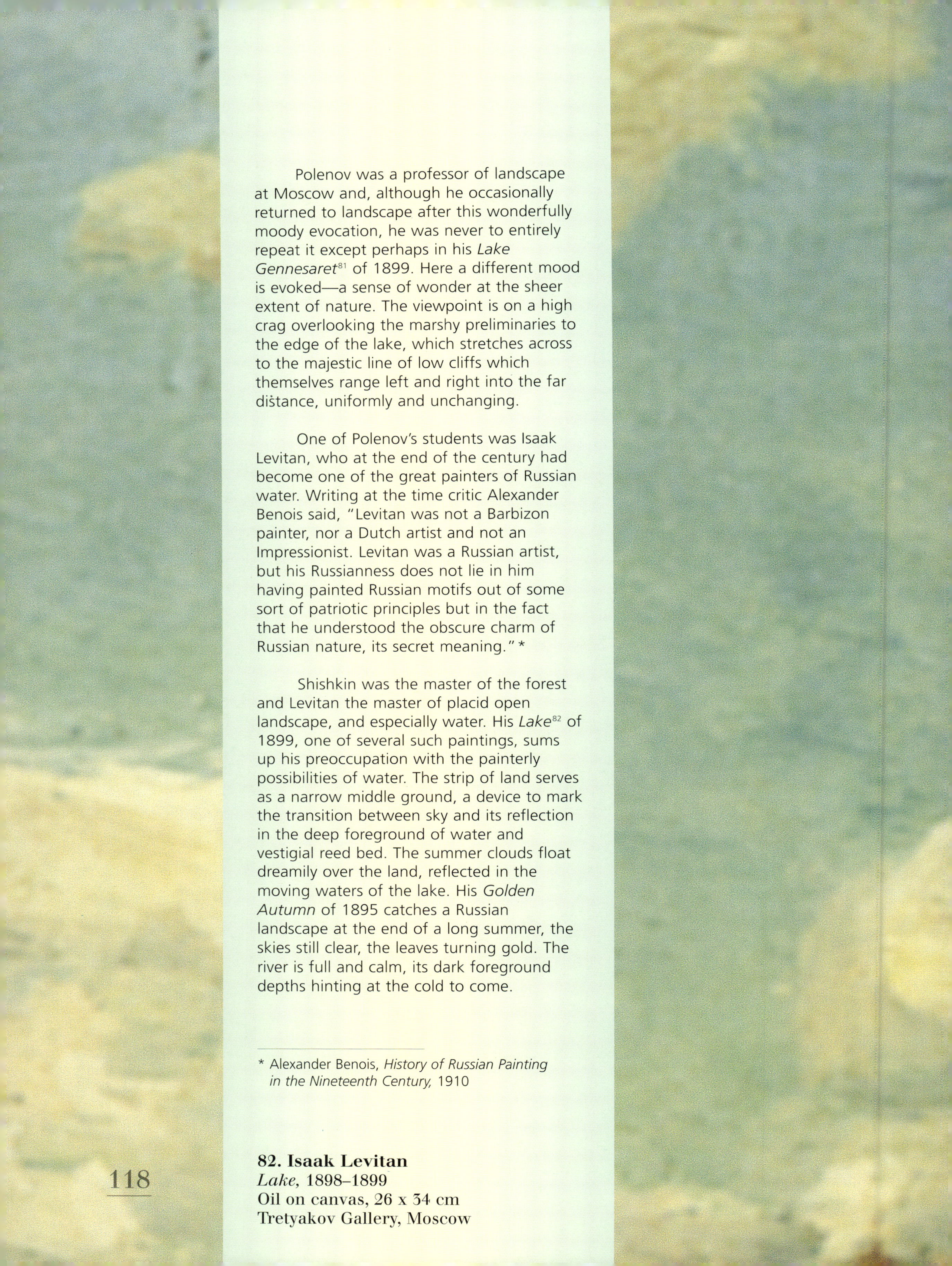

82. Isaak Levitan
Lake, 1898–1899
Oil on canvas, 26 x 34 cm
Tretyakov Gallery, Moscow

83. Isaak Levitan
Above Eternal Peace, 1894
Oil on canvas,
150 x 206 cm
Tretyakov Gallery,
Moscow

In *Those Evening Bells*,[84] Levitan catches a moment when a boat has just left the dark foreground landing stage and makes off down river. On the peninsula across the water two tiny figures make their way up a road and through an arch to a group of churches, from where sounds of the title come. In the distance the clouds dream in the pale sky. Here is Levitan at his characteristic best; lakes and rivers, cottages and villages, these are the landscapes of no other country. And yet they are of a placid, open country in which the only drama is the unexpected beauty to be found in the Russian countryside. Here is a contra view of Russia to those painters who sought to exploit the notion of Russia as, metaphorically, a tortured soul. Here is a Russia of changing seasons, of rains, of great waters and rivers. It is a still almost silent Russia, which is drenched not in the bright colours and intense light of the hot South but suffused with the golden light of spring and summer, the bright, cleansing light of the winter sun and the mellow light of autumn.

84. Isaak Levitan
Those Evening Bells, 1892
Oil on canvas, 87 x 107.6 cm
Tretyakov Gallery, Moscow

THE RIVER OF LIFE AND DEATH

Levitan's special interest in painting water and rivers has a resonance in the rest of Russian painting of his time. For socially aware artists such as Ilya Repin, the great river Volga represented not only a picturesque setting for atmospheric paintings but also a location for depictions of powerful emotions of sympathy in the face of grim everyday life. His *Barge Haulers on the Volga*[85] of 1873 is the seminal social painting for the Itinerants. The sails of a decorated barge are draped negligently across the hold, and a steersman strains against the great tiller. The slight ripple along the bow is the consequence of the efforts of nearly a dozen ragged haulers, the *burlaki*,

85. Ilya Repin
Barge Haulers on the Volga,
1870–1873
Oil on canvas,
131.5 x 281 cm
Russian Museum,
St Petersburg

pressing heroically against the broad bands across their chests which spread the load transmitted from the top of the barge's short mast. To the right, the rearmost hauler seems fit to collapse, his sole means of vertical support being the rope band, which half pinions his arms and shoulders and yet supports him. The leading man's face is full of both character and resignation as he leans familiarly into the load. These are people who have devoted their lives to the great river—and have had no choice and have no hope of doing anything else. Yet half-way back in the middle of the canvas, painted in lighter colours, is a lad who grasps uncertainly at his bond and peers beyond the picture frame to some unseen source of hope.

For the leading historical painter of the Itinerants, Vasily Surikov (1848–1916), the river is the neutral setting for great thoughts, a kind of *tabula rasa*. His *Stepan Razin*[88] of 1906 has the legendary hero being rowed up the Volga following a pirate raid in a boat laden with booty and, apart from the rowers and Razin, a celebrating crew. Razin reclines against the mast, scowling with the effort of planning the release from servitude of the Russian people. Perhaps the leader of a war flotilla, this is the only boat visible in the great whitish lumpy sweep of the mighty river whose far bank is a grey streak, the only thing differentiating river from sky. It is as if the boat itself represents Razin's thoughts, looking backwards but surging forwards in a grey uncertain world. This exactly matched the state of Russian painting at that moment, a few years into the century.

86. Vasily Surikov
Yermak's Conquest of Siberia, 1895
Oil on canvas, 285 x 599 cm
Russian Museum, St Petersburg

Radical nineteenth-century Russian painting often carried an underlying anti-clerical message. But in the search for reality, religious symbolism had to be portrayed. Ilarion Prianishnikov's *A Religious Procession*[87] of 1893, with its crowd of devotees straggling up from the banks of a great river having crossed from a church on the far bank, reminds us that the Christians originally baptised people in the river. Here it is as if the penitents have been through a purifying baptism before straining up the hill with their icons in a lengthy profession of faith.

It was not only the Volga, the 'Mother of Rivers' as Russians like to call it, which represented a potent symbol for Russian painting. It was all great rivers with their ambiguous connotations of continuity inextricably linked with simultaneous and inexorable change. On the other hand, rivers could simply be the setting for a genre subject such as Abram Arkhipov's earlier *Down the Oka*,[90] painted in 1889.

Surikov may well have re-used the arrangement of Arkhipov's picture for his *Stepan Razin*. This, however, is a straightforward genre painting in which a group of peasants in a boat are about to reach the shore. Here the river has no particular quality apart from reflecting the pale golden haze and the subject is a nicely observed and painted slice of life.

87. Ilarion Prianishnikov
A Religious Procession, 1893
Oil on canvas, 101.5 x 165 cm
Russian Museum, St Petersburg

Left:
88. Vasily Surikov
Stepan Razin, 1906
Oil on canvas, 318 x 600 cm
Russian Museum, St Petersburg

89. Ilya Repin
Storm on the Volga, 1870–1891
Oil on canvas, 55.3 x 102.4 cm
Russian Museum, St Petersburg

90. Abram Arkhipov
Down the Oka, 1889
Oil on canvas, 40.8 x 76.5 cm
Tretyakov Gallery, Moscow

Storms break regularly on the broad Volga. Ilya Repin had captured one twenty years before Dubovskoi in 1870—and three years before his great *Barge Haulers*. Here[89] the perilous view is from the stern of a low freeboard barge. The deck is swept by dirty seas as five men struggle with the great tiller and other crewmen shout advice from a forward hatch cover; all are about to be engulfed by a boiling white-topped sea.

Rivers turn out to be ideal for the artist to set mood. In the late 1880s the influential landscape Itinerant, Isaak Levitan, then in his twenties, made a visit to the Volga and painted it in all the states he could possibly observe. *Evening on the Volga*[95] (1888) is an almost monochromatic study, the only colour a pink sunlit tinge to the top of a long grey cloudbank. Below, the waters of the river reflect the colour of the sky framed horizontally by the black of the foreground shore. Beyond a long silver wake is the distant black shore. Here is the moment before the remnants of the light quickly fade into black. It is a moment for grave reflectiveness, touching in its quiet dignity.

91. Ilya Repin
Moonlight Night, Zdravnevo, 1896
Oil on canvas,
143 x 90.4 cm
Russian Museum,
St Petersburg

It is curiously more evocative than a painting of a similar scene by Arkhip Kuinji, *Moonlight on the Dneiper*[92] of 1880. Here the structure of the composition is almost a mirror image of Levitan's. The moon, set in a fortuitous break in the streaky cloud, casts an unearthly light on the glassy surface of the river visible between a dark foreground beach and the far shore, which merges into the black of the lower sky. Here is Kuinji's striking colouring, depth and mystery but the moment of transition is missing. Repin's much more intimate *Moonlight Night, Zdravnevo*[91] of 1896 has a woman in a white coat contemplating a moonlit river. The quiescent attitude of a dog lying at her feet suggests that she has been standing there for some time. What are her thoughts? Does she dream of release in the black river depths? Why is she standing there and what will she do next? This is the river of dreams, still and yet driving on to its far distant destination in the sea.

92. Arkhip Kuinji
Moonlight on the Dneiper, 1880
Oil on canvas,
105 x 144 cm
Russian Museum,
St Petersburg

93. Arkhip Kuinji
Lake Ladoga, 1873
Oil on canvas, 79.5 x 62.5 cm
Russian Museum, St Petersburg

Daylight river studies by Levitan include *Barges on the Volga*[96] of 1889 and *On the Volga*[94] of 1888, in which the far distant bank is mirrored in the morning light, boats lie in the mud in the foreground, and an extraordinary light suffuses the sky, reflecting in the river in the middle ground. *Fresh Wind: The Volga*[99] of 1895 has two barges being towed by a small steamer, the great river now a faintly choppy red reflecting the raw red banks and a mysterious red haze high in the sky. In 1887 Levitan wrote from the Volga to his friend Chekhov, "What can be more tragic than to feel the infinite beauty of one's everyday surroundings, be fully aware of their innermost secrets, see God in everything and to realise that you simply cannot fully express these powerful emotions."

94. Isaak Levitan
On the Volga, 1888
Oil on canvas, 57.8 x 88.7 cm
Tretyakov Gallery, Moscow

Levitan's definitive water painting is his *Above Eternal Peace*[83] of 1894. He wrote of it, "It has the whole of me in it, all my psyche, all my content". Under a sky of mixed clouds, the far distant plain stretches, with a hint of a lake here, a dense wood there. The main part of the picture is a great wide river in flood, "white as death", as the artist described it. In the foreground on a promontory and surrounded by a small copse and a derelict graveyard is a traditional rural church with a tiny onion dome on the roof ridge. Beyond in the flood a triangular piece of high ground has turned into an island. There is nothing else. This work of inner psychology represents one rare occasion when Levitan offers a less than golden account of the nature which he so loved.

95. Isaak Levitan
Evening on the Volga, 1887-1888
Oil on canvas, 50 x 81 cm
Tretyakov Gallery, Moscow

A number of Levitan's Volga studies incorporate boats propelled by the newly introduced steam power and even Aivazovsky, most of his life necessarily devoted to sail and the sea, produced a study of steam paddle boats on the Volga, *The Volga near the Zhiguli Hills*.[14] Here is old and new side by side: a paddle steamer bravely occupies the middle ground of the left half of the picture. On the far right shore a *burlaki* group hauls a train of barges in the time-honoured fashion, half obscured by a smart passenger steamer bustling up river. In the immediate foreground is a great raft of logs with a temporary hut on top and a group of itinerant woodsmen entertaining themselves until it is time to turn the raft into fodder for the downstream mills. This is a painting of great optimism, suffused with a golden glow which is reflected in the water of the great river as a small flock of birds skim low in search of a last catch before roosting on one of the distant shores. This is also a painting about Russia in a state of change.

96. Isaak Levitan
Barges on the Volga, 1889
Oil on canvas, 17.5 x 29 cm
Museum of Arts, Nijni-Novgorod

TRANSITIONS

Landscape painting can be expressive of many things but it is not entirely surprising that Russian landscape should have running through it a strong theme of transition. In Arkhip Kuinji's *After the Rain*[100] of 1879, the low sun illuminates an emerald meadow and a low rise, on top of which are the reflecting walls of a group of farm buildings. The turbulent black sky retreats—but the stream in the foreground is in shadow, presaging another mighty downpour. In Isaak Levitan's painting of the same name[98] of ten years later, the water is still dappled with the remnants of a shower, a small paddle steamer, unaffected, bustles across the river, the old-fashioned barges of the middle ground swing at their moorings, while the puddled rainwater starts to form a little stream over the low foreground river bank.

97. Mikhail Larionov
Rosebushes after a Rainshower, 1904
Oil on canvas, 98 x 144 cm
Russian Museum, St Petersburg

98. Isaak Levitan
After the Rain, Plios, 1889
Oil on canvas, 80 x 125 cm
Tretyakov Gallery, Moscow

99. Isaak Levitan
Fresh Wind: the Volga, 1895
Oil on canvas, 72 x 123 cm
Tretyakov Gallery, Moscow

100. Arkhip Kuinji
After the Rain, 1879
Oil on canvas, 102 x 159 cm
Tretyakov Gallery, Moscow

And in Mikhail Larionov's *Rosebushes after a Rain Shower*[97] of 1904 the impressionistic brush strokes, long and vertical in form, serve as a reminder of the shower that has just passed across the pond in the far middle ground. Here is a moment of stillness captured, and overlaid by a visual memory of the shower's insistent sharpness.

More dramatic than the moment when the noise of rain has receded and before the birds once more begin to sing is that moment of transition between calm and storm. Nikolai Dubovskoi's *The Calm before the Storm*[101] of 1890 has a great grey-bottomed bank of white cloud hanging above a lake, the far shore serving as a device to indicate the darkness beneath the cloud and, through the scale of the details, its relatively great distance from the viewer. The water reflects the lighter, almost sunlit zone of cloud. The tension is palpable. We know in real life that a thunderstorm is to do with wind currents, water vapour and wild electricity, but in front of the picture we are almost waiting for the sky, or more accurately the heavy cloud bank, to fall with a thud on the face of the water. Dubovskoi wrote about the painting in terms of "that captivating feeling which has many times possessed me at the moment of calm before a major storm or in the interval between two thunderstorms, when it can be hard to breathe, when you sense how insignificant you are in the face of the approaching elements".

101. Nikolai Dubovskoi
The Calm before the Storm, 1890
Oil on canvas, 76 x 28 cm
Russian Museum, St Petersburg

The snows of change

102. Isaak Levitan
March, 1885
Oil on canvas, 60 x 75 cm
Tretyakov Gallery, Moscow

103. Alexei Savrasov
The Rooks Have Returned, 1871
Oil on canvas, 62 x 48.5 cm
Tretyakov Gallery, Moscow

104. Feodor Vasilyev
The Thaw, 1871
Oil on canvas, 53.5 x 107 cm
Tretyakov Gallery, Moscow

For Isaak Levitan and many landscape painters the great mode of expressing the changing seasons of Russian Nature was the transition from snow to flood. His snowscape of 1885 is titled simply *March*.[102] The thaw is about to begin. A bright late winter sun shines from over the viewer's left shoulder. A temporarily untended horse with a sled waits patiently by the porch of a house, the incipient thaw indicated by the melting snow on its small roof and the mud of the road, re-emerging from the covering snow in the foreground. The bare branches of the trees have lost their snow and new growth has just started. So, too, in one of the earliest of the new Russian landscapes, Alexei Savrasov's *The Rooks Have Returned*[103] of 1871, the presence of the birds in the tiny, very early growth on the tall branches, and the meltwaters beginning to form a concerted mass of water among the fields of snow all herald the return of spring.

This theme of transition, the change of state from snow and ice to running water that takes place in early spring, fascinated many of the Itinerants. Quite apart from their own painterly agendas, they were themselves in a state of transition, moving from one way of painting to another, from one set of subjects to a new set—and of underlying, structural changes in society. Feodor Vasilyev's 1871 *The Thaw*[104] has a mother and child still warmly wrapped up and standing in the slush of an emerging old roadway defined by wheel tracks. In the centre of the picture a pond—still surrounded by snowy ground—has overflowed its bank and the cold meltwater leaks out into the foreground. In this painting of the same date it is difficult not to read the same allegorical message.

For later painters, such as Igor Grabar in *February Sky*[106] of 1904, the transition is more subtle. It is difficult to distinguish the bark on the trunks and branches from the snow in this wonderful study in browns and blues of birch trees and their intricate array of branches in a snowfield backed by glimpses of a blue winter sky. Here, on the cusp of spring, the topmost leaves have started to appear and it is their colour, scarcely distinguishable from the light browns and whites of the branches, that gives the viewer the hint of things to come.

105. Ilya Ostroukhov
Early Spring, 1891
Oil on canvas, 61.2 x 49.4 cm
Arts Museum, Iaroslavl

106. Igor Grabar
February Sky,
1904
Oil on canvas,
141 x 83 cm
Tretyakov
Gallery,
Moscow

107. Stanislav Zhukovsky
Spring Water, 1898
Oil on canvas,
78 x 121 cm
Russian Museum,
St Petersburg

Ilya Ostroukhov's wonderfully simple *Early Spring*[105] of 1891 is a snapshot of those few days when the snow has begun to retreat from the bases of the trees, the water of the stream is beginning to eat away the edges of the snow, and in the back of the viewer's mind is the thought that the level of the water indicates the beginning of a little flood. In Vitold Bialynitsky-Birulia's *The Emerald of Spring*[108] of 1915, the new pale green growth coexists with the slush of melting snow. In Stanislav Zhukovsky's *Spring Water*[107] of 1898 the process had gone a little further. Painted from an opposite bank, the shore in the middle ground—now thinly covered with melting snow—is being overtaken by dark meltwater; three trees already have their bases under water. A tiny new stream also makes its contribution.

At the end of the transformation, the thaw becomes a flood—the theme of Levitan's wonderful *Spring Flood*[110] of 1897. Here the birch saplings stand forlornly in the water, their reflections adding to the sense of coldness despite the azure cloud-flecked sky above. A primitive boat nudges a temporary beach. In a week the waters will have subsided, the flooded farm buildings in the distance will return to use, and spring will be in full swing. The earth has awakened, and nature has emerged from her long hibernation.

108. Vitold Bialynitsky-Birulia
The Emerald of Spring, 1915
Oil on canvas, 84 x 107 cm
Russian Museum, St Petersburg

109. Boris Kustodiev
Shrove Tuesday, 1916
Oil on canvas, 61 x 123 cm
Tretyakov Gallery, Moscow

SNOW

As the French discovered to their cost in 1812, for months on end each year much of Russia's water turns to snow and ice and, when it is not blinding travellers and peasants, it lies thickly over the plains and mountains, rivers and seas. It is so much a part of a Russian's existence that when artists started painting it in the second half of the nineteenth century, people were surprised that they should do so.

110. Isaak Levitan
Spring Flood, 1897
Oil on canvas, 64.2 x 57.5 cm
Tretyakov Gallery, Moscow

111. Vasily Perov
The Last Farewell, 1865

112. Vasily Perov
The Troika, 1866

113. Vasily Perov
The Last Tavern at the City Gates, 1868

IN THE BACKGROUND

The first of the Russian cold winter landscapes were actually painted as late as the mid-1860s and then by the social propagandist Vasily Perov, notably with *The Last Farewell*,[111] *The Troika*[112] and *The Last Tavern at the City Gates*.[113] All three paintings have snowscape settings, one of a young mourning family on a sled taking a coffin to the cemetery, and one of three children pulling an icicle-draped water barrel while the harsh wind blows streamers of snow from the eaves. The third painting is of two empty horse-drawn sleds waiting outside the candle-lit windows of a tavern, the city gates like stalagmites against the evening sky, the absent drivers' destination somewhere in the icy wastes beyond. A contemporary wrote of Perov's work "The landscape motifs—roads as endless as people's patience, gloomy people, monotonous fogs, a severe winter with snow storms and blizzards, a bleak autumn with depressing rains and winds cold as the crying of death—become in his pictures as in folklore and the works of Dostoyevsky, Levitov and Dickens, the bearers of tragic feeling personified as human misfortunes and burdens." The Parisian critics of these and other paintings which Perov exhibited there in 1867 argued that at last here were identifiably Russian paintings.

114. Ilarion Prianishnikov
Returning Empty from the Market, 1872
Oil on canvas, 48 x 71 cm. Tretyakov Gallery, Moscow

In Perov's socially aware work of this period the bitterly cold snow settings underline the sadness of the paintings' narratives, as they do in Ilarion Prianishnikov's *Returning Empty from the Market*[114] of 1872. A trail of horse-drawn sleds leads off along an ill-marked track through the broad plain of snow towards some wretched settlement beyond the horizon. A hunched figure on the rearmost sled seems to glower out at the viewer. And in Victor Vasnetsov's *Moving House*[115] of 1876, a middle-aged couple wrapped up and carrying a meagre bundle of their household goods trudge through the snow past the skeleton of a half-buried boat. Beyond the snowbound river, the dark ill-defined walls of a city conceal all but the tower of a church and a few tall chimneys.

115. Victor Vasnetsov
Moving House, 1876
Oil on canvas, 58.3 x 67.2 cm. Tretyakov Gallery, Moscow

Other Russian painters soon took up the theme of snow. In the Realist painter Viacheslav Schwartz's *The Tsarina's Spring Pilgrimage in the Reign of Alexei Mikhailovitch*[116] of 1868, a gilded sled makes its way out of a dark village at the head of a procession. The curving road leading into the picture plane is slushy, because the snow is about to thaw from the surrounding white fields. Schwartz was a painter of historical subjects who attempted to break the mould. He painted historical events as if they were genre paintings—that is, without the visual hierarchies of historical painting. The flat, all-enveloping, undifferentiating snow provides an important visual support to this. It is of course not difficult to read *Spring Pilgrimage* fundamentally as a landscape painting with an enigmatic though doubtless historically factual subject.

Schwartz's position was not uninfluential and there followed from the brush of the Itinerant Vasily Surikov some of the great historical snow paintings, for snow is a wonderful setting for historical painting, representing as it does the rawest essence of barbaric Old Russia. His 1887 *The Boyarina Morozova*[117] has the chained zealot, heroine of the losing side in the great religious schism of the mid-seventeenth century, being dragged through the cold, snowbound streets of Moscow on a sled. Despite the thick snow which lies on the ground and on the roofs of the surrounding houses, she remains defiant, holding her hand in the newly banned two fingered sign of the cross. For students of composition the grey-white of the snow provides a semi-neutral background for the bright colours of the clothes of the people in the crowd, some jeering, some adoring, some angry. And white is the same colour as the boyarina's cold hands and terrible face.

116. Viacheslav Schwartz
The Tsarina's Spring Pilgrimage in the Reign of Alexei Mikhailovitch, 1868

117. Vasily Surikov
The Boyarina Morozova, 1887
Tretyakov Gallery, Moscow

Surikov's great snow painting *Suvorov Crossing the Alps*[118] of 1899 depicts a real event in the war against Napoleon. Following a treacherous withdrawal by the Austrians, Russian general Alexander Suvorov stormed the St Gothard Pass and came down unexpectedly behind a French army and defeated it. The painting depicts a passage from that heroic march through the mountains. Urged on by Suvorov mounted on a horse, soldiers start sliding down a near sheer snowface, grinning devotedly at their general just before they take what, for all they know, could be their last fateful plunge. Perched perilously on the left of the painting are craggy white rocks and the hint of a mountain torrent. Lateral wisps of fog shroud the almost bare rocks of the crags above and lead the viewer's eye beyond to the distant looming snow-clad slopes of the mountain beyond.

His *The Taking of a Snow Fortress*[119] was painted at the urgings of his brother following Surikov's profound depression at the death of his wife in 1888. It is perhaps historical only in the sense that it was a real, though disappearing, Cossack village custom, which Surikov had seen as a child in his village. The locals would build a snow castle—more a fort surrounding a snow table heaped with snow food and snow utensils. It was the task of one team on horseback to attempt to take the fortress while another on foot banged tins and whistled and attempted to scare the horses. It was a great opportunity to get drunk, fight and have fun. This is an immensely cheerful picture in which the last wall of the fort is breached and the rider topples a duck-like snow image from the top of a pile of snow and ice blocks.

118. Vasily Surikov
Suvorov Crossing the Alps, 1899

119. Vasily Surikov
The Taking of a Snow Fortress, 1891
Oil on canvas, 156 x 282 cm
Russian Museum, St Petersburg

120. Valentin Serov
Peter the First Hunting, 1902
Tempera and gouache on cardboard, 23 x 40 cm
Russian Museum, St Petersburg

In an experimental phase of history painting, mostly for the book *Royal Hunting*, the younger Valentin Serov revelled in the use of snow as a setting for genre paintings of Peter the Great and his successors hunting in the fields with their horses and dogs.[120] Serov had already used snow as a setting for earlier paintings, such as the 1898 gouache *In Winter* and the 1910 study *Rinsing Clothes*,[121] in which two peasant women kneeling in the snow by a tiny stream attempt to wash clothes while a bedraggled pony munches straw thrown on the ground to keep it and its sled close to the women.

Ivan Shishkin, the most prolific of Russian forest landscape painters, was, curiously, not especially drawn to snowscapes, although his *Winter*[122] of 1890 is an uncannily realistic, almost monochromatic study in which the silence of the snow-insulated forest is almost audible. As in an old sepia photograph, time stands still. In the same year Shishkin made studies in snow and another significant snow painting is based on a line in Mikhail Lermontov's poem *The Pine*. In *"A Pine there stands in the northern wilds…"*[124] the tree depicted in the northern wilds is a neat, heavily snow-laden conifer standing improbably on the edge of an icy winter cliff bathed in what seems to be moonlight. Shishkin is clearly experimenting with light, for the main body of the pine is in shadow and the snowy peak on which it stands bathed in the unearthly light.

121. Valentin Serov
Rinsing Clothes, 1901. Study
Oil on cardboard, 47.5 x 66 cm
Present whereabouts not known

122. Ivan Shishkin
Winter, 1890
Oil on canvas, 122.5 x 204 cm
Russian Museum, St Petersburg

123. Ivan Aivazovsky
Icebergs, 1870
Oil on canvas, 112 x 136 cm. Picture Gallery, Theodosia

It remained for Igor Grabar at the beginning of the twentieth century to deploy snow as a subject for his almost Pointillist studies, *September Snow* of 1903 and *February Sky*[106] of 1904. The former supports the proposition that winter starts early in Russia by showing a peasant woman carrying water up a path to houses at the top of the picture. This painting and *February Sky* represent the end of the serious Realist landscape movement—and in the latter painting, with its flat, clearly decorative intricacy, points in one of the many directions Russian painting was to take in the early decades of the new century.

In one zone of Russia, the Arctic, the winter never really ends. Aizavovsky's wonderful *Icebergs*[123] of 1870 sums up the most extreme form of frozen water. A three-masted ship, its sails all furled and with most of the crew on the foredeck, makes its way gingerly through the ice floes. In the foreground icicles hang from a small headland, flat floes creaking together in the neighbouring sea. And in the middle ground, towering over the ship, is the gigantic tip of a great iceberg, its battered and fractured surface illuminated by an almost unearthly light which somehow eludes the ship below. Here is a great piece of scenery painting but also surely an allegory of the profound uncertainty which always surrounds the behaviour of the great waters.

124. Ivan Shishkin
"A Pine There Stands in the Northern Wilds..." 1891
Based on Mikhail Lermontov's poem *The Pine*
Oil on canvas, 161 x 118 cm. Russian Art Museum, Kiev

Spectacle and the far South

125. Vasily Kandinsky
Kochel, c. 1902
Oil on card, 23.8 x 32.9 cm
Tretyakov Gallery, Moscow

127. Alexander Benois
The Marquise Bathing, 1906
Detail
Tretyakov Gallery, Moscow

In the first decade of the twentieth century Russian painting opened up like a bursting dam, behind which had massed all the current revolutionary art movements of Europe. On one hand it developed a version of Art Nouveau, on another it became involved with theatre, set decoration and book design. Artists such as Léon Bakst, Alexander Benois, Natalia Goncharova, Vasily Kandinsky, Marc Chagall, Mikhail Larionov, Kazimir Malevich and Vladimir Tatlin took other personal directions. Groups emerged with names like The Blue Rose, The Link, The Triangle and The World of Art, and there were Russian versions of the Symbolists. Some of these were to become international figures in twentieth-century art and in a couple of decades Russian art was to take an honoured place in the world.

The Itinerant philosophy was decisively rejected by the progressive younger generation—although one old-guard painter, Valentin Serov, joined them. Under the management of Sergei Diaghilev, the magazine *The World of Art* (*Mir iskusstva*) provided a central theoretical and critical platform. It gave up-to-the-minute information about current art in the rest of Europe, especially Art Nouveau, which was then in its ascendance abroad. At the same time The World of Art painters revived an interest in Russia's legendary and historical past, as well as its primitive and decorative arts. They were fascinated with the early eighteenth century and supported early nineteenth-century classical and romantic art. All this was, self-consciously, on the surface rather than profound. It was decorative, tending to stylisation and theatrical scene painting; it was linear rather than painterly. And water and reflection were especially favoured for their ambiguous and ephemeral effects.

126. Mikhail Vrubel
The Swan Princess, 1900
Oil on canvas, 142.5 x 93.5
Tretyakov Gallery, Moscow

128. Alexander Benois
The Chinese Pavilion. The Jealous Man,
1906
Gouache, pen and ink on paper
50.7 x 56.5 cm
Tretyakov Gallery, Moscow

As important as Diaghilev to The World of Art group was Alexander Benois (1870–1960), whose major painting output was his Versailles series, including *The King's Walk*,[129] *The Marquise Bathing*[127] and *The Chinese Pavilion*.[128] Here are imaginary scenes from French court life, the young aristocrat smugly and semi-decadently immersed in a pool, her clothes draped over a stone bench in a topiary enclosure from one of whose clipped columns a horrified servant peeps. In *The King's Walk*, Benois has the royal couple encircling an artificial pond, in the middle of which is statuary whose waterworks have surely been turned off to allow the artist to reflect the real world in the waters of the pond. So too in *The Chinese Pavilion*, the jealous man dare not look round at the couple leaning intimately into each other at the left, nor yet inside the pavilion where a couple are kissing. Behind are two Venetian gondolas floating in the water of the lake where, like the isolated man in the pavilion, they float alone.

129. Alexander Benois
The King's Walk, 1906
Gouache, pen and ink on cardboard, 48 x 62 cm
Tretyakov Gallery, Moscow

In all these and a number of others involving water in Benois's Versailles series, water is used in proper World of Art fashion as not only a pleasurable device in itself but as a means of supporting the notion of the ambiguity of people's motives and actions. On what more substantial and yet insubstantial foundations could be built profound edifices of emotion and feeling? And a great area of water is exactly the foundation of Mstislav Dobushinski's idealised city in his 1905 painting *Pacification*.[131] This radiant walled city has risen from the depths of a great flood under a rainbow, to float serenely amid the onion domes of the palaces and cathedrals of the drowned world below.

One of the many pleasurable aspects about the early-twentieth century exploration of new things was the breaking of conventions. This applies too to the depiction of water. Mstislav Dobushinski's *City Types*[130] of 1908 depicts snow falling in an almost cartoonish way, slanting across a flat streetscape with a garish advertising hoarding forming the background, an organ grinder and monkey forming the central theme leaning on a balustrade guarding the deep area of the building from which the painting has been made.

In Léon Bakst's *Downpour*[132] of two years before, a woman clad in the filmy neoclassical fashion of the 1800s is caught in an unexpected downpour, her plump body revealed by the now clinging wet clothes, while people in the background dash for cover. Great storms and violent seas had certainly been the proper subjects for paintings, but never before had artists seriously considered depicting the commonplace event of rain or snow.

Valentin Serov became a leading light in The World of Art. For a long time a brilliant Realist, he used water themes in some of his best late work, notably *The Rape of Europa*[133] and *Odysseus and Nausicaa*,[135] both of 1910. Looking at his unfinished sketch *Iphigenia at Taurus* of ten years earlier it is clear that in the intervening decade he had undergone a major psychological change. The sketch has a disconsolate Iphigenia sitting on a rock on a beach, staring at the sea. It is an interesting enough composition and doubtless would have been painted with Serov's great facility. The sketch for *Europa* has a similar diagonal structure, but the way the colours are applied is quite different and free and broad. The water, with its token blobs of shadow and swelling profile, is the work of a painter rather than of a psychologist: Europa herself does not seem to be particularly alarmed, although we know that Serov went to great pains to get the model's pose exactly right. Here is a decorative work with a deliberately flat treatment, which is also to be seen in his study of the same year for a curtain for the ballet to the music of Rimsky-Korsakov. Here the sea is represented by an almost childlike series of white horses squiggled across a blue base, while leopards prance in front of an approaching army.

Yet this last phase of Serov's work is not without inner power, as his *Odysseus and Nausicaa*,[135] also of 1910, demonstrates. In Homer's account, Nausicaa discovered Odysseus on the beach, shipwrecked again. She takes him back with her and restores him before he sets off once more. In this painting the bedraggled hero is wrapped uncomfortably in a sheet, stumbling after the princess Nausicaa, who is proud and straight, holding her mules and waiting to start. Behind, the sunlight dances on the choppy waves, a long puddle breaking up the foreground sand.

130. Mstislav Dobuzhinski
City Types (City Grimaces), 1908
Watercolour and gouache on paper, 29.2 x 22 cm
Tretyakov Gallery, Moscow

131. Mstislav Dobuzhinski
Pacification, 1905

132. Léon Bakst
Downpour, 1906
China ink and gouache on paper, 15.9 x 13.3 cm
Russian Museum, St Petersburg

133. Valentin Serov
The Rape of Europa, 1910. Oil on canvas, 71 x 98 cm
Tretyakov Gallery, Moscow

134. Léon Bakst
Terror Antiquus, 1906. Decorative panel.
Oil on canvas, 250 x 270 cm. Russian Museum, St Petersburg

135. Valentin Serov
Odysseus and Nausicaa, 1910
Tempera on cardboard, 85.5 x 101.5 cm
Tretyakov Gallery, Moscow

136. Vasily Kandinsky
Mountain Lake, 1899
Oil on canvas, 50 x 70 cm
Collection of M.G. Manoukhina, Moscow

137. Vasily Kandinsky
Church in Murnau, 1908–1909
Art Museum, Omsk

138. Vasily Kandinsky
Boat Trip, 1910
Oil on canvas, 98 x 105 cm
Tretyakov Gallery, Moscow

139. Ivan Aivazovsky
The Loss of the Lefort, 1858
Oil on canvas, 102 x 81 cm
Central Naval Museum, St Petersburg

There was something about the sea and antiquity. It is not just Homer's wine-red sea or the fact that several of Serov's late paintings have watery subjects. It has, perhaps, something to do with the fact that ancient Greece spread out around the Mediterranean on scattered islands as well as the mainland and the adjacent coasts of Italy, Asia Minor and Africa. Serov went on a tour of the Greek islands with Léon Bakst, later the great ballet set designer. On his return Bakst painted a mysterious decorative panel *Terror Antiquus*.[134] It is an aerial view of a fragmented rocky shore, with a great grey-blue sea while beyond molten larva dribbles into the water. A lightning strike flashes across the upper part of the painting. At the bottom an enigmatically smiling figure holds a blue bird in her hand.

Another internationally famous early Kandinsky painting, dating from 1899, is his *Mountain Lake*[136] in which a green hill descends to a lake lined with white-painted cottages. The lake reflects the buildings, the slopes and a corner of sky. A painterly sketch of 1901, *Akhyrka, Autumn*, has a similar sloping background. But this time there is a Palladian mansion at the crest with the water reflecting two water gates, but—more importantly—there is a wonderful collection of pure colours, partly foreground reeds and water plants. As one of his commentators has it, Kandinsky "painted like a mature artist and at the same time an unskilled one". As he moved in a more and more abstract fashion, he was able to convey more feeling than was possible in a conventional scene. In his *Boat Trip*[138] of 1910, he gives us a hint of three boats rowing into perhaps a dark and violent sea and sky beyond a lighthouse. By this time Kandinsky had almost entirely abandoned narrative representational forms, and had anyway moved abroad.

140. Ivan Aivazovsky
Poseidon's Sea Journey, 1894
Oil on canvas, 212.5 x 318 cm
Picture Gallery, Theodosia

141. Ilya Repin
Sadko in the Underwater Kingdom, 1876
Oil on canvas, 322.5 x 230 cm
Russian Museum,
St Petersburg

142. Ivan Kramskoy
Mermaids, 1871
Oil on canvas, 88 x 132 cm
Tretyakov Gallery, Moscow

143. Martiros Saryan
Lake of Fairies, 1905
Gouache on paper, 24.5 x 24.5 cm
Tretyakov Gallery, Moscow

OTHER WORLDS

One of the manifestations of The World of Art was a new preoccupation with folklore and myth. Aivazovsky had, uncharacteristically, painted at least two such otherworldly pictures. One was *Poseidon's Sea Journey*[140] of 1894. The great god and his consort ride on a green-tinged wave in a chariot drawn by four horses. Enigmatically-shaped outriders blow horns in warning, putti fly overhead, and a dark multitude obscured by the great black cloud of the background follows behind. Another is his 1858 painting *The Loss of the Lefort*,[139] in which a shadowy line of dead souls ascends from a sunken ship towards a Christ figure in the sky.

These subjects are from conventional mythology. The versatile Repin took the epic folk poem *Sadko* as the text for his very popular *Sadko in the Underwater Kingdom*[141] of 1876. This is an entirely magical notion of living underwater. Here the protagonist finds himself in a mysterious, faintly menacing world of sea creatures and sunken barbaric architecture, populated by mer-people lit by an uncanny light and operating under laws unknown to the world above. The viewer can almost hear the silence, the slow swish of the princesses' skirts and the mermaids' tails as they pass not unaware of the protagonist watching his nemesis on a ledge above.

Left:
144. Martiros Saryan
By the Well. A Hot Day, 1908
Tempera on canvas, 51 x 63 cm
Martiros Saryan Museum, Yerevan

Above:
145. Mikhail Larionov
A Turk, 1910–1912
Oil on canvas, 88.5 x 44.5 cm
From the former collection of
A.K.Tomilina-Larionova, Paris

Right:
146. Nicholas Roerich
The Varangian Route, 1907
Pastel on paper, 47 x 47 cm
Private collection, St Petersburg

Above:
147. Nicholas Roerich
Guests from Overseas, 1902. Oil on cardboard, 79 x 100 cm
Russian Museum, St Petersburg

A more conventionally arranged painting by Ivan Kramskoy of 1871 is titled simply *Mermaids*.[142] Are these white-robed women by the banks of a lake members of some strange sisterhood, or are they in deed creatures of the Deep?

Fairy tales were part of the new experimental milieu of the early twentieth century, and the young Armenian painter Martiros Saryan produced a cycle of fabulous paintings called *Fairy Tales and Dreams* for the Blue Rose exhibition in Moscow in 1907. Among them was a compelling gouache painting *Lake of Fairies*,[143] in which two women bathe in a limpid pale blue pool with the hint of a large grotto farther back, below a hanging wood of predominantly blue forest; a goat in the foreground grazes behind a little grove of trees. The artist was actually more interested in the use of colour: "Enamoured of the beauty of the East, I strove after a colourful expressive manner of painting," he explained prosaically.

148. Ivan Bilibin
Underwater Kingdom, 1927
Illustration for the epic poem *Volga*
Watercolour on paper mounted on cardboard, 46.5 x 38 cm
Russian Museum, St Petersburg

Magic, myth, folklore and ancient history were all jumbled together in that new-century sensibility, even though the painting techniques are far apart from each other. Nicholas Roerich's paintings belong to the same period and come from the same basic thinking. His *Guests from Overseas*[147] of 1902 has an unwelcome Slavic long-boat sailing up the River Dneiper, the first of a small fleet. Shields are slung over the bulwarks and a pair of heavily armoured raiders view the nearby shore.

149. Ivan Bilibin
Falcon, 1927
Illustration for the epic poem *Volga*
Watercolour on paper mounted on cardboard,
46.5 x 38 cm
Russian Museum,
St Petersburg

In a later painting, *The Varangian Route*,[146] the raiders slip through the difficult sea under the watchful eye of a man hidden high on a crag. As in the remainder of Roerich's work of the time, the colours and forms of the ship and seas are stylised. The splendid sea of the *Route* is a series of heavily laid-on pastel strokes, with concentric ripples less of an attempt at realism as a shorthand representation of deep waters. In the *Guests* the caution of the leading boat is represented by a stylised bow wave, and the wobbly reflections of the boat and the sails of the following boat have been caught in the placid water.

Although painting in Russia and elsewhere abandoned realism, and as landscape painting became an amateur activity, depictions of water became problematic. Yet in the immensely stylised work of Ivan Bilibin of the inter-war years, water becomes part of the decorative pattern, as in his *Falcon*[149] of 1927 and *Underwater Kingdom*[148] of the same year. The former is a formal, decorative version of a standard bird's-eye view of a river delta. In the latter the sea is a zone inhabited by great crocodilian fish, its surface indicated by the vaguely Viking boat floating on a decorative frieze.

And in the totally different work of that old stager Alexander Alenandrovitch Deinecka, it seems that the sea remains a universal symbol. There in his *Future Aviators*[150] of 1938 sit three naked boys on a promenade, one pointing to a seaplane landing while other planes taxi out beyond the headland. Here is a new vision of Russia as master of the ocean skies as well as the seas, in which it is plain that these three have baptised themselves before taking on the new world beyond the seas.

150. Alexander Deineka
Future Aviators, 1938
Oil on canvas, 134 x 161 cm
Tretyakov Gallery, Moscow

ILLUSTRATIONS

Previous page:
Mikhail Vrubel
Catania, Sicily, 1894. Study
Oil on canvas, 9.2 x 21.6 cm
Tretyakov Gallery, Moscow

Figures denote page numbers